MAKTABGACHA YOSHDAGI BOLALARNI XALQ OG'ZAKI IJODI ORQALI TARBIYALASH USULLARI

Monografiya

ABDUSALOMOVA RAYHONA ABDURASHID QIZI

© Taemeer Publications LLC
MAKTABGACHA YOSHDAGI BOLALARNI XALQ OG'ZAKI IJODI ORQALI TARBIYALASH USULLARI
by: Abdusalomova Rayhona
Edition: February '2024
Publisher:
Taemeer Publications LLC (Michigan, USA / Hyderabad, India)

© Taemeer Publications

Book :
MAKTABGACHA YOSHDAGI BOLALARNI XALQ OG'ZAKI IJODI ORQALI TARBIYALASH USULLARI

Author   :   Abdusalomova Rayhona
Publisher   :   Taemeer Publications
Year   :   '2024
Pages   :   248
Title Design :   *Taemeer Web Design*

Maktabgacha yoshdagi bolalarda ekologik madaniyatni shakllantirishda xalq og'zaki ijodidan foydalanib tushuntirishda maktabgacha ta'lim tashkiloti tarbiyachilari foydalansa bo'ladi. Biz keltirayotgan ma'lumotlar ekologik madaniyatni xalq og'zaki ijodi vositalari keltirilgan.

Termiz 2024

Termiz davlat pedagogika instituti Maktabgacha ta'lim fakulteti Maktabgacha ta'lim yo'nalishi 2-bosqich talabasi Abdusalomova Rayhona Abdurashid qizi

Ilmiy rahbar

Quvvatova M.H.- Termiz davlat pedagogika instituti Maktabgacha ta'lim fakulteti Maktabgacha ta'lim nazariyasi kafedrasi o'qituvchisi pedagogika fanlari bo'yicha falsafa doktori

Ekologik ta'lim o'sib kelayotgan yoshlardan boshlash lozim. Eng avvalo biz ekologik ta'limni oila tarbiyasidan boshlashimiz kerak, keyin maktabgacha ta'lim tashkilotlarida davom ettiriladi. Ekologiya muammosi davrimizning dolzarb muammolaridan biri bo`lib qoldi. Uning xavfi hatto yadro xavf-xataridan ham daxshatliroq bo`lib, butun yer shari xalqlarini tashvishga solmoqda Respublikada ekologik xavfsizlikni ta'minlash va atrof-muhitni muhofaza qilish sohasida davlat boshqaruvini tubdan takomillashtirish, ekologik holatni yaxshilash, chiqindilarning fuqarolar sog'lig'iga zararli ta'sirining oldini olish, aholi turmush darajasi va sifatini oshirish uchun qulay sharoitlar yaratish, maishiy chiqindilarni yig'ish, saqlash, tashish, utilizatsiya qilish, qayta ishlash va ko'mish tizimini yanada takomillashtirish maqsadida: O'zbekiston Respublikasi Prezidentining farmoni "Ekologiya va atrof-muhitni muhofaza qilish sohasida davlat boshqaruvi tizimini takomillashtirish" to'g'risida farmoni qabul qilindi.[1] Har bir davlatdagi muammo ham, yutuq ham boshqa mamlakatlarga o'zining ijobiy va salbiy ta'sirini bir xilda o'tkazishi aniq. Hozirgi kunda yer sharining turli nuqtalarida keng quloch yozayotgan ekologik tangliklar tabiatga nisbatan to'g'ri munosabat bildirishimiz va unga ko'proq e'tibor qaratishimiz zarurligini anglatadi. Yurtboshimiz ekologiya muammolari hozirgi kunda umumbashariy mavzu ekanligini ta'kidlab, jumladan, «Ekologik xavfsizlik muammosi allaqachonlar milliy va mintaqaviy doiradan chiqib butun insoniyatning umumiy muammosiga aylangan», degan edi. Darhaqiqat, ona tabiatni asrash — Vatanni asrash demakdir. Vatan ostonadan

---

[1] O'zbekiston Respublikasi Prezidentining farmoni Ekologiya va atrof-muhitni muhofaza qilish sohasida davlat boshqaruvi tizimini takomillashtirish" to'g'risida farmoni Toshkent sh 2018-yil 3-oktabr PQ-3956-son

boshlanadi. Shunday ekan, har birimiz atrofimizdagi tabiatni asrab-avaylashga o'z hissamizni qo'shishimiz zarurButun yer yuzi, shuningdek, bizning o'lkamizda vujudga kelgan ekologik muammolarni hal etish davr talabi bo'lib kelmoqda. Buning uchun esa respublikamiz aholisini, ayniqsa, o'sib kelayotgan yoshlarning ekologik madaniyatini shakllantirish katta ahamiyat kasb etadi. Bu uchun albattda ekolog olimlar va ularning ekologiya faniga qo`shgan hissasi hamda olimlar tomonidan yaratilgan maktabgacha ta'lim tashkilotlari, shogirtlari tomonidan olib borilayotgan ishlarni bilish, o`rganishni talab etadi.

Ekologik ta'lim o'sib kelayotgan yoshlardan boshlash lozim. Eng avvalo biz ekologik ta'limni oila tarbiyasidan boshlashimiz kerak, keyin maktabgacha ta'lim tashkilotlarida davom ettiriladi. Ekologiya muammosi davrimizning dolzarb muammolaridan biri bo`lib qoldi. Uning xavfi hatto yadro xavf-xataridan ham daxshatliroq bo`lib, butun yer shari xalqlarini tashvishga solmoqda Respublikada ekologik xavfsizlikni ta'minlash va atrof-muhitni muhofaza qilish sohasida davlat boshqaruvini tubdan takomillashtirish, ekologik holatni yaxshilash, chiqindilarning fuqarolar sog'lig'iga zararli ta'sirining oldini olish, aholi turmush darajasi va sifatini oshirish uchun qulay sharoitlar yaratish, maishiy chiqindilarni yig'ish, saqlash, tashish, utilizatsiya qilish, qayta ishlash va ko'mish tizimini yanada takomillashtirish maqsadida: O'zbekiston Respublikasi Prezidentining farmoni —Ekologiya va atrof-muhitni muhofaza qilish sohasida davlat boshqaruvi tizimini takomillashtirish‖ to'g'risida farmoni qabul qilindi.3 Har bir davlatdagi muammo ham, yutuq ham boshqa mamlakatlarga o'zining ijobiy va salbiy ta'sirini bir xilda o'tkazishi aniq.

Hozirgi kunda yer sharining turli nuqtalarida keng quloch yozayotgan ekologik tangliklar tabiatga nisbatan to'g'ri munosabat bildirishimiz va unga ko'proq e'tibor qaratishimiz zarurligini anglatadi. Yurtboshimiz ekologiya muammolari hozirgi kunda umumbashariy mavzu ekanligini ta'kidlab, jumladan, «Ekologik xavfsizlik muammosi allaqachonlar milliy va mintaqaviy doiradan chiqib butun insoniyatning umumiy muammosiga aylangan», degan edi. Darhaqiqat, ona tabiatni asrash — Vatanni asrash demakdir. Vatan ostonadan boshlanadi. Shunday ekan, har birimiz atrofimizdagi tabiatni asrab-avaylashga o'z hissamizni qo'shishimiz zarurButun yer yuzi, shuningdek, bizning o'lkamizda

Ekologiyaga solinayotgan xavf O'zbekiston uchun, umuman, butun Markaziy Osiyo mintaqasi uchun naqadar yuqori ekanligini hisobga olgan holda hukumat va davlat atrof-muhitni himoya qilish, tabiiy zahiralardan oqilona foydalanish masalalariga juda tayyorlov e'tibor bermoqda»[2] Darhaqiqat, O'zbekiston Respublikasi mustaqilligining dastlabki yillaridanoq atrof-muhitni toza saqlash va uni muhofaza qilish davlat siyosati darajasiga ko'tarildi. O'zbekiston Respublikasi Konstitutsiyasining 50-moddasida: «Fuqarolar atrof tabiiy muhitga ehtiyotkorona munosabatda bo'lishga majburdir», 55-moddasida «Yer, yer osti boyliklari, suv, o'simlik va hayvonot dunyosi hamda boshqa tabiiy zahiralar umummilliy boylikdir, ulardan oqilona foydalanish zarur va ular davlat muhofazasidadir», – deb ko'rsatilishi mamlakatimizda sog`lom muhit yaratish borasida tayyorlov mas'uliyat yuklash bilan birga ona tabiat boyliklaridan oqilona foydalanish va ularni ko'z qorachig`iday saqlashni barcha fuqarolar uchun majburiy qilib qo'yadi.

Yuqoridagilardan ma'lumki, maktabgacha ta'lim tashkilotlarida bolalarning ekologik madaniyatini shakllantirish nazariy va amaliy jihatdan o'z yechimini

---

[22] Umarova M. Ekologik ta'lim – tarbiyada bolalar bog'chasining oila bilan hamkorligi. G`.G` Xalq ta'limi.- T., 2004, 5- son. - 59-62-b.

kutayotgan dolzarb muammo hisoblanadi. Albatta ushbu muammolarni ilmiy-pedagogik jihatdan ishlab chiqish mamlakatimizda amalga oshirilayotgan siyosiy, ijtimoiy-iqtisodiy islohotlar, jamiyatda yuz berayotgan ma'naviy-axloqiy yangilanishlarda inson faolligini oshirishning asosini tashkil etadi. O'zbekistonda ekologik ta'lim va tarbiyani rivojlantirish sohasida ma'lum tadbirlar o'tqazilmoqda Mamlakatimizda ekologik ta'lim-tarbiyani amalga oshirishning uzluksiz konsepsiyasi ishlab chiqilgan. Lekin bu borada kamchiliklar hali ko'p. Jumladan O'zbekiston Respublikasining "Tabiatni muhofaza qilish to'g'risidagi" qonunida ushbu masalaga kam o'rin berilgan. Ekologik axborot tizimi yaxshi shakillanmagan. Bu muammolar yaqin yillar ichida ijobiy hal qilinishi lozim.

Xalq og'zaki ijodi yozma adabiyotdan ancha ilgari paydo bo'lgan va yozma adabiyotning bunyodga kelishi uchun zamin hozirlagan. Xalq yaratgan asarlar o'zining g'oyaviyligi, chuqur xalqchilligi, til boyligi va badiiyligi bilan ajralib turadi. U xalqning yengilmas irodasini, kelajakka bo'lgan ishonchini, haqiqat, adolat, tinchlik va baxt haqidagi tasavvurlarini yaqqol aks ettiradi. Xalq shoirlari yoki jamoat tomonidan yaratilib, og'izdan-og'izga , avloddan-avlodga o'tib kelgan badiiy asarlar xalq og'zaki ijodi deyiladi. Xalq og'zaki ijodi fol'klor deb ham yuritiladi. Xalq og'zaki ijodiga quyidagi janrlar kiradi: qo'shiq, maqol, matal, topishmoq, afsona, rivoyat, asotir, ertak, latifa, lof, lapar, termalar, doston, askiya, tez aytish, masal, alla, yor-yorlar, kelin salomlar va h.k.[3]

Lapar, lof, askiya kabi janrlar tortishuv, bahslashuv, aytishuv, hazil-mutoyiba, mubolag'a asosida ijro etiladi.

---

[3] M.Suloymonov "O'zbek xalq og'zaki ijodi" Namangan» nashriyoti 2012 yil

Qo'shiq– kuyga solib aytiladigan kichik lirik sher.Qo'shiqlarning quyidagi turlari mavjud:

1.Lirik qo'shiqlar. Bunday qo'shiqlarda insonlarning ruhiy olami, ishqiy kechinmalari aks etadi, to'rt misralik bandlardan tashkil topadi, ular kasb, payt, o'rin tanlamaydi: ularni istalgan vaqtda istalgan kishi xohishiga ko'ra baland ovoz bilan yoki xirgoyi qilib aytaveradi.

2.Mehnat qo'shiqlari:

a) Dehqonchilik bilan bog'liq qlari, yanchiq qo'shiqlari ("Xo'p mayda"lar), yorg'ichoq qo'shiqlar

b) Chorvachilik bilan bog'liq qo'shiqlar: sog'im qo'shiqlari: xo'sh-xo'sh govmishim, turey-turey, churiyalar.c) Hunarmandchilik bilan bog'liq qo'shiqlar: charx qo'shiqlari, bo'zchi qo'shiqlari, o'rmak qo'shiqlari (o'zbek ayollarining gilam to'qish bilan bog'liq mehnat qo'shiqlari), kashta qo'shiqlari

3.Mavsumiy – marosim qo'shiqlari:

Yil fasllari tasvirlangan qo'shiqlar mavsum qo'shiqlari deyiladi.Qadimgi qo'shiqlarning namunalari Mahmud Koshg'ariyning "Devonu lug'otit - turk" asari orqali yetib kelgan.Bizgacha yetib kelgan mavsumiy – marosim qo'shiqlari quyidagilar:

a) Sust xotin (yomg'ir chaqirish qo'shig'i). Sust xotin qadimgi zardushtiylik dinida muqaddas sanalgan Tishtiriyaning xalq o'rtasida nomi o'zgarib ketgan obrazidan iborat. Bunda bahor oylarida yomg'ir yetarli yog'masa, qishloq ayollari yig'ilib, poliz qo'riqchisiga o'xshash qo'g'irchoqqa keksa ayol ko'ylagini kiydirib, qishloqdagi barcha xonadonlarga kirishib, Susut xotin qo'shig'ini aytib yurganlar. Xonadon egalari ularni shodlik bilan qarshi olib, qo'g'irchoq ustidan suv sepishib, marosim ishtirokchilariga xayr-sadaqa qilishgna. Marosim tugagach yig'ilgan xayr-sadaqa hisobiga Sust xotinga atab katta is chiqarishgan.

b) Choy momo (shamol to'xtatish). Bunday qo'shiqlarda iltijo qilinadigan Choy momo tarixan Chuy momo, ya'ni Shamol momo obrazidan iborat bo'lib, u zardushtiylikning shamol tangrisi hisoblangan. Bu marosim quyidagicha o'tkazilgan: ikki kampir eski kiyim va chopon kiyib, yuzlariga qora quya surtishib, qo'llariga aso ushlab oldinda Choy momo qo'shig'ini aytib yurishgan. Bo'y yetib qolgan beshta qiz boshlariga sholcha yopib, kampirlar ortidan ergashib, qo'shiqqa jo'r bo'lib yurishgan.7-8 yoshlardagi bir yoki bir necha o'g'il bolalar xurjun osilgan eshaklarga minishib, xonadonlardan xayr-sadaqalarni yig'ib yurishgan. Eshakka o'qlog', yumshoq supurgi va keli sopi sudratib qo'yilgan. Marosim tugagach, yig'ilgan xayr-sadaqa hisobiga shamol tangrisi sharafiga is chiqarilgan. Choy momo marosimlari hozir Qozog'istonning Turkiston,Sayram atroflarida yashovchi o'zbeklar orasida saqlanib qolgan.

Ertak – hayot haqiqatiga asoslangan,xayolot va fantastika xususiyatlari bilan yo'g'rilgan, odamlarga ibrat o'git beruvchi og'zaki hikoyalar hisoblanadi. O'zbeklar o'rtasida ertaklar varsoq, cho'pchak, masala kabi atamalar bilan yuritiladi. Ertaklarning o'ziga xos janr xususiyatlari quyidagilar:

1. Og'zaki hikoyaga asoslangan qiziqarli syujetga ega bo'lishi;

2. voqealarning ongli tarzda xayoliy uydirmalar orqali aks ettirilishi;

3. estetik vazifaning yetakchilik qilishi;

4. o'ziga xos badiiy shakily qolip hamda tilga ega bo'lishi (ertaklar bir bor ekan, bir yo'q ekan... kabi maxsus boshlamalar bilan boshlanib, murod maqsadiga yetibdi,birga turib, birga yashabdilar,soqoli ko'ksiga yetibdi kabi maxsus tugallanmalar bilan yakunlanadi.)

Kundalik hayotda kuzatish, o'yin, mehnat vaqtida bolalarning shaxsiy bilimlari yig'ilib boradi. Faoliyatlar ularni aniqlash va sistemalashtirish imkonini beradi.

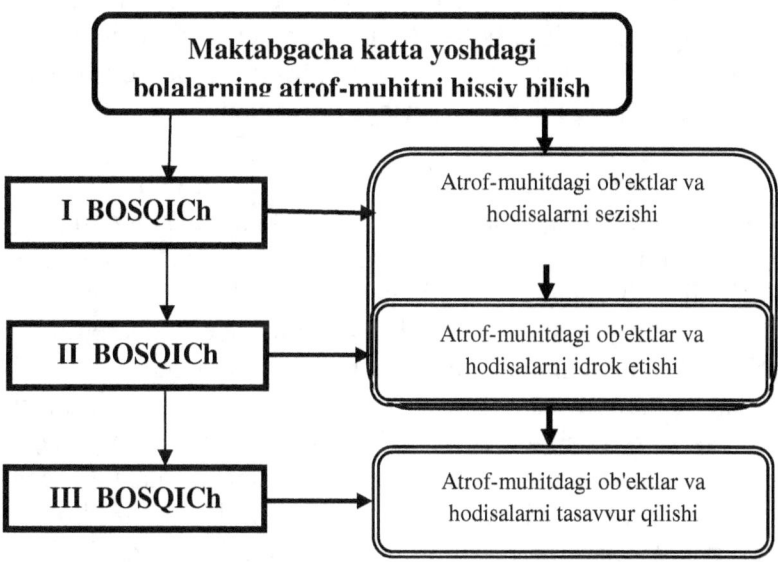

Faoliyatlarning ayrimlarida boshlang'ich bilimlar shakllantiriladi. Buning uchun tarbiyachi kuzatish, rasmlarni ko'rish, badiiy asarlarni, hikoyalarni o'qish, diafilm va shunga o'xshashlarni ko'rsatishdan foydalanadi. Boshqa faoliyatlarda esa bilimlar aniqlanadi, kengaytiriladi va chuqurlashtiriladi. Faoliyatlarda bu xildagi suhbatlar, didaktik o'yinlar, umumlashtiruvchi so'zlardan, bolalarning tabiatdagi mehnatidan foydalaniladi. Barcha guruhlarda faoliyatlarga qo'shimcha sifatida maqsadli sayrlar o'tkaziladi. Bolalarning tabiatga mehri yoshligidan rivojlanadi, shunday qilib ularning atrof-muhit haqidagi bilimlari imkon boricha erta boshlash kerak. Ular o'z atrofidagi xatti-harakatlarni kuzatishadi va ularga taqlid qilishadi. U qurt ovozi bo'ladimi, chig'anoq, kapalak qurti, qurbaqa bolasi yoki kana agar uni sinfxonaga olib kirsangiz, albatta, bolalar ko'zlari tayyorlov ochilib qarashadi. Bolalar, albatta, haqiqiy jonivorlarni ko'rib o'rganishi lozim faqat qog'ozdagina emas. Agar bolada siz nima olib kelganingizni so'rashga imkoniyat bo'lsa, ular sizga savol bilan murojaat qilishni boshlashadi, bu esa ularga fikrlarini bayon etishga va ularni boshqalar bilan bo'lishishga olib keladi.

Xususiy tasavvurlar atrof-muhitdagi aniq ob'ektlar tasviri, manzarasidir. Ular aniq ob'ektlarni, masalan, aynan daraxtni, yo'lni, ko'prikni, soyni, ariqni, ko'chani, mahallani aks ettiradi. Shuningdek, ayni paytda ko'cha yoki mahalla hududining tabiati va kishilar hayotini ham aks ettiradi. Natijada bola ongida muayyan hududlarning hajmdor yoki hajmsiz, rangli yoki rangsiz, aniq yoki noaniq shakldagi manzaralari hosil bo'ladi va bu jarayon vaqt va tajribaga bog'liq holda tiniqlashib boradi. Demak, maktabgacha tayyorlov yoshdagi bolalarni atrof-muhit bilan tanishtirish jarayonida ularning hissiy bilishiga tayanilib ish ko'riladi va shu asosda atrofdagi muhit hamda uning har bir tarkibiy qismining tabiat va inson hayotida tutgan o'rni haqida aniq bog'lanishli misollar keltirilib, tegishli munosabat va madaniyat tarkib toptiriladi.Maktabgacha ta'lim yoshidagi bolalar shaxsida ekologik madaniyatni shakllantirish "munosabat", "mas'ullik"ni tarbiyalashda namoyon bo'ladi. Bunday munosabat insoniyatning, xususan, ayrim odamlarning bilib-bilmay, uzoqni o'ylamay tabiatga ko'rsatgan salbiy ta'siri oqibatlarini anglash va bunday ta'sirni bartaraf etish istagi natijasidagina shakllanadi. Buni chizmada quyidagicha ifodalash mumkin (2-pasm).

Ekskursiya Maktabgacha ta'lim tashkilotlarida bolalarni tabiat bilan tanishtirishda ta'lim berishning tashkiliy formalaridan biri ekskursiyadir. Ekskursiya jarayonida bolalar ona tabiat to'g'risida aniq tasavvurga ega bo'ladilar. Bu tasavvur tabiatni ko'rish, eshitish, sezish orqali idrok etiladi. Ekskursiya jarayonida maktabgacha yoshdagi bolalarda tabiat, undagi bog'liqlik va uning qonuniyatlari to'g'risida realistik tasavvurlar hosil bo'ladi. Bu tushunchalar keyinchalik bolalar egallaydigan ilmiy bilimlarning asosini tashkil etadi, maktabda o'rganiladigantabiiyfanlarnio'zlashtirib olishniosonlashtiradi.

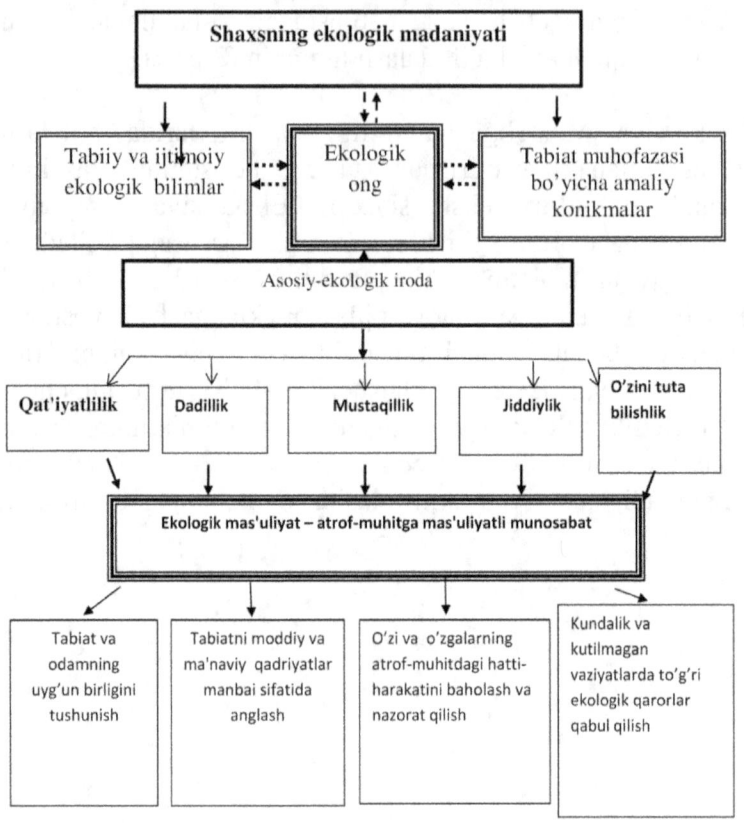

2-rasm. Atrof-muhitga mas'uliyatli munosabatning mohiyati

2-rasmdan ko'rinib turganidek, ekologik madaniyat bir-birini taqozo etadigan, bir-biridan o'sib chiqadigan uch tushunchani qamrab oladi:

- ekologik bilimlar;
- ekologik ong;
- tabiat muhofazasi bo'yicha ko'nikmalar. Ushbu ko'nikmalarning kerakli vaqtda ishga tushishi axloqiy-

ekologik irodaga bog'liq. Irodasi bo'sh odam nojo'ya xatti-harakatlarini to'xtatib qolishga moyil ham, qodir ham bo'lmaydi. Shu bois ekologik mas'uliyat hissini maktabgacha ta'lim yoshidan tarbiyalash maqsadga muvofiq hisoblanadi.

Tabiat to'g'risidagi bilimlardan bexabar bo'lish ko'pincha o'simlik va hayvonlarga nisbatan noto'g'ri, ba'zi hollarda esa berahm va shafqatsiz munosabatda bo'lishga olib keladi. Ekskursiya bolalarni tabiatni o'ziga xos hodisa va voqealari bilan tanishtiribgina qolmay, balki shu bilan qatorda insonlarni tevarak-atrofdagi o'zgartiruvchi faoliyatining natijalari bilan ham tanishtirib boradi. Bu esa kishilarning yaratuvchanlik faoliyatiga hurmatini tarbiyalaydi va unda qatnashish xohishini uyg'otadi, o'z o'lka tabiatidan, unda yashovchi mehnat ahlidan g'ururlanish hissini mustahkamlaydi. Yuqorida tilga olingan barcha metodlar va usullar bolalarda tabiatga nisbatan qiziqish uyg'otadi, ularni yanada sinchkovlik bilan kuzatishga, kuzatayotgan narsa ustida chuqurroq o'ylashga, fikr, bilim doirasini kengaytirishga, har xil tabiiy voqea, hodisalarni so'z bilan chiroyli qilib to'g'ri ifodalab berishga o'rgatadi.

Atrof - muhitning tozaligini ta'minlash o'zimizga bog'liq, biz tayyorlov-yu yosh toza havodan bahramand bo'lish uchun shahrimizga ko'chat ekib, ko'kalamzorlashtirsak, uning ozodaligini saqlasak o'zimizning sog'lig'imizni saqlagan bo'lamiz. Bahor faslida ko'chat ekish oyligi o'tkaziladi. Shunday ekan, nihollarni yaxshi niyat bilan ekish, parvarishlash, gullar ekib o'stirish har bir o'quvchi va tayyorlovlarning insoniy burchidir. Tabiat shunday odil mo'jizaki, atrof-muhitni muvozanatga keltiradi. Chunonchi, chiqarilgan karbonat angidridni o'simliklar yutib, uni kislorodga aylantiradi, demak o'simliklar dunyosi, ramziy ma'noda aytganda, havoni chang va karbonat angidriddan tozalab beruvchi bebaho vositadir. Bunday inson o'z atrofini o'rab turgan tabiatni, uning o'simliklar dunyosini ko'z qorachig'iday asrabgina qolmay, uni boyitishi, qo'lidan kelganicha ko'proq daraxt ekishi, ko'kalamzorlashtirishga intilishi zarur degan xulosa chiqadi. Shuning uchun ota- bobolarimiz daraxt ekish, bog'-rog' yaratishni savobli ish deb bilishgan. Bir tup mevali daraxt ekkan kishining ikki dunyosi obod bo'ladi, deb bejiz aytishmagan.zarur bo'lgan dori-darmonlar ham ona-tabiatda yetishgan inevalar, turli giyohlar va ziravorlardan tayyorlanadi. Inson tanasida birorta ortiqcha a'zo bo'lmaganday, tabiatda ham ortiqcha yaratilgan birorta narsa yo'q. Ularning hammasi hayot uchun zarur. Yaqin va O'rta Sharq xalqlarining qimmatli va nodir yozma yodgorliklaridan biri Sharofiddin Ali Yazdiyning "Zafarnoma" asarida Amir Temurning davlat faoliyati va harbiy yurishlari bayon qilinishi bilan bir qatorda, XIV asr oxiri va XV asr boshlarida O'rta Osiyodagi madaniy hayotga doir bir qancha noyob ma'lumotlar ham keltirilgan. Ajdodlarimizning yuksak did va nafosat nigohi bilan yaratilgan bog'-rog'lari, ulkan qurilishlari hozirgi kunda ham Samarqand-u Buxoroni, ko'hna Urganch, Xivani bezab, Yer yuziga zeb berib turibdi. Bu nodir obidalar bobokalonlarimiz el-yurt obodonchiligiga alohida e'tibor qilganliklaridan dalolat beradi.

"Zafarnoma"da Sohibqiron Amir Temur tomonidan barpo etilgan "Bog'i shamol", "Bog'i dilkusho", "Shahrisabz qo'rg'oni" va Oqsaroy kabi obidalar haqida batafsil hikoya qilinadi. Bunday misollarni keltirishimizdan maqsad o'tmish ajdodlarimizdan bizgacha urf-odat bo'lib yetib kelgan obo- donchilik ishlaridan hozirgi yoshlarni xabardor etish, ularni ana shu ishlar misolida tarbiyalashdir. Ular ham Jaloliddin Manguberdi, Amir Temur, Mirzo Ulug'bek, Alisher Navoiy kabi el farvonligi, yurt obodligi uchun kurashuvchi zabardast o'g'il- qizlar, oliyhimmat inson, tabiatga mehr-muruvvatli kishilar bo'lib yetishsinlar.

Tarixdan ma'lumki, ne-ne millatlar, elatlar paydo bo'lib, yashab, rivojlanib, qaysidir sabablarga ko'ra yo'q bo'lib ketgan. Buyuk millatlar o'zidan zaif millatlarga ta'sirini o'tkazib, ayrimlarini kuchsizlantirgan va ba'zilarini "yutub, o'ziga singdirib" yuborgan. Dunyoga nazar solsak, bu jarayon hali hanuz davom etib kelmoqdAvesto Bizning Vatanimiz ham millatimiz ham bu voqelikdan chetda qolmadi. Ayniqsa, chor Rossiyasi va Sho'rolar bosqini davrida millatimiz, qadriyatlarimiz og'ir zarbaga uchragani va bu zarbalarning salbiy oqibatlari hamon bo'y ko'rsatayotganligi ham achchiq haqiqatdir... Mustaqillikka erishilgach, ko'p sohalar kabi qadriyatlarimiz ham o'ziga kelgandek, go'yoki hamma narsa iziga tushgandek ko'ringan bir paytda "Ommaviy madaniyat" deb atalmish yana bir balo butun dunyoga o'zining qora k'olankasini yoygani kabi Markaziy Osiyoga ham sekin-asta kirib kela boshladi. Tabiiyki, bu illlatdan bizning chetda qolib ketishimiz ham mantiqsizdir. Ham dunyoga hamnafas rivojlanish, ham millatning ham o'zlikning va yana qadriyatlarning saqlanib qolishiga erishish oson ish emas albattAvesto Bu yo'lda bu illatga qarshi turaoladigan eng ishonchli vosita bu sifatli ta'lim va mustahkam tarbiyadir. Shu sababli ham bundan yuz yil oldin jadidchi bobolarimiz bu masalaga " Hayot va mamot" masalasi deb qaragan edi.

Kcrakli ta'lim va tarbiya berish orqali mustahkam oila paydo bo'ladi, undan yangi avlod yetishib chiqadi va u orqali millat o'zligini saqlab qoladi, bular unib-o'sishi uchu vatan kerak bo'ladi. Bular bir-biriga oltin zanjir bilan bog'langandir. Shuning uchun ham ona-Vatanga muhabbatli bo'lish talab etiladi.

Takliflarimiz:

- She'r va ertaklar, maqollar yodlatish;
- Hikoyalarni o'rgatib ayttirish;
- Hadis yodlatib ayttirish;
- Tabiat va tarixiy joylarga sayohatlar uyushtirish;
- Ideal obrazlar(buyuk siymolar) haqida so'zlab berish;
- Urush, ocharchiliklar haqida so'zlab berish;
- Mehnatga o'rgatish(o'g'il bolalarni yer ag'darish va qizlarni supur-sidirga o'rgatish;
- Mehmon-mehmon, xola-xola o'yinlarni rejalashtirgan holda olib borish;
- Bayram tayyorgarliklarida bolalarni qatnashtirish va ularga ham vazifalar berish;
- Ularni tengko'rib, ular bilan o'ynash va suhbatlashish, ularning fikriga qiziqish;
- Kerakli narsalarni bo'rttirib ko'rsatish;
- Ilk yoshli bolalarda vatanparvarlik, insonparvarlik va mehr-muruvvat tuyg'ularini shakllantirishda xalqimizning milliy an'analari, rasm-rusumlari va qadriyatlaridan foydalanish asosiy metodlaridan biri bo'lib hisoblanadi(po'choqni bosma ko'z og'riq bo'lasan va h.);
- Mashhur va obro'li kishilar bilan uchrashuvlar o'tkazish.

---- mas, nonga muhabbat nimani anglatadi?

--- taqlid qilish ularning asosiy ishi emasmi?

Yosh avlodni ona-Vatanga muhabbat, unga sadoqat ruhida tarbiyalash, ular ongida milliy g'urur, fidoiylik tuyg'usini shakllantirish kichik maktabgacha yoshdan boshlanadi. Makta'bgacha ta'lim muassasalarda faoliyat ko'rsatayotgan barcha pedagoglar baholi qudrat bolalar ongi va qalbiga Vatanga muhabbat hissi, Vatan tuyg'usini singdirish borasida harakat qilmoqdalar. Lekin faqat ularninggina ishi yetarli bo'larmikin yoki ota-onalar ham bu borada amaliy harakatga o'tisslari davr taqozosi emasmikin? Yoshligimda bobom va momom bizga moslab turli qiziqarli misollar, hayotiy mulohazalar, hikoyalar, rivoyatlar, she'rlarlarni aytib berganlari va ularning ayrimlarini hali hali eslayman, shogirdlarimga , farzandimga aytib berishga harakat qilaman. Maktabgacha ta'lim muassasalarda faoliyat ko'rsatayotgan barcha pedagoglar bolalar ongiga va qalbiga Vatan hissi, Vatan tuyg'usini singdirish borasida Murg'ak qalblarda Vatan tuyg'usi nimadan boshlanadi o'zi? Jajji yuraklarda Vatan tuyg'usi- bu onalar allasi, bobolar o'giti, oila tarbiyasidan boshlanadi. Vatan tuyg'usi- bu milliy qadriyatlar, urf odatlarni qadrlash, sevish va undan faxrlanish degani. Vatan tuyg'usi – buyuk siymolarimizdan ibrat olish degani. Ibn Sino, Beruniy, Mirzo Ulug'bek, Alisher Navoiy, Mirzo Bobur, Amir Temur, Jaloliddin Manguberdi kabi ota-bobolarimizni tanish, ulardan faxrlanish, ularni doimo eslamoq degani. Vatan tuyg'usi- bu Vatanni, xalqi uchun kurashgan millatimiz fidoilaridan ibrat olish degani. Ular kabi vatanparvar bo'lishni niyat qilib qolish degani. Bolalarga millatimiz fidoiylari, askar akalarimizning qahramonliklari haqida so'zlab berish bilan Vatan tuyg'usini singdirish. O'zaro suhbatlarda "farzandlarni deb yashab yuribmizku", degan gapni ko'p ishlatamiz. Biz shunday xalqmizki, farzandimiz ko'z ochgan kundan to o'zimiz ko'z yumgunga qadar bolam, deymiz. Qon-qonimizga singib ketgan bu xususiyat jamiyatimizning ham bosh maqsadiga aylangan. Insonparvarlik tushunchasi - o'zbek millatida o'ziga xos alohida xususiyatga ega.

Ya'ni, bu asosan ota-onasiz qolgan bolalarni asrab olish, ularga insoniylik, g'amxo'rlik ko'rsatish, bolani ota-ona ruhi bilan parvarish qilish, kasal va xastalarni borib ko'rish, ko'nglik o'ksik etimlarga g'amxurlik qilish, a'zodor oilalarga ta'ziya bildirish, ma'rosimlarga qatnashish va xonadon sohibasining koʻnglini koʻtarish va hokazolardir[4]. mamlakatimiz kelajagi hisoblangan yoshlardan, umumiy aholi oʻrtasida vatanparvarlik, milliy iftixor tuygʻusini shakllantirish nihoyatda dolzarb ahamiyat kasb etmoqdAvesto Bizningcha, hozirgi kunda bu sohada olib borilayotgan tadbirlar talab darajasida emasligi sir emas. Yoshlarda paydo boʻlayotgan xudbinlik, ahloqiy tubanlik, jamoatchilik fikrini mensimaslik singari salbiy koʻrinishlar Vatan istiqboliga nisbatan boʻlgan loqaydlikning natijasidir. Vatanimizda sodir boʻlayotgan oʻzgarishlarni, uning tarixini, xalqning boy merosini milliy va umuminsoniy qadriyatlarning tub mohiyatini, respublikamiz imkoniyatlarini chuqur anglagan holda, pedagogik istiqbolga erishish yoʻldia fidoyilik namunalari koʻrsatmagan kishi haqiqiy vatanparvar boʻlmaydi. Farzandga birinchi qadamdanok., axlok, va odob oʻrgatgan ota — ona uning kelgusi baxtiga mustaxkam poydevor oʻrnatgan boʻladi... Ba'zan insonning kichik nuqsonlari uning soyasida qolib ketadi.Farzand tarbiyasi shunchalik ma'suliyatliki, bu ishda xatoga yoʻl koʻyish oson, lekin bu xato tuzatish qiyin. Ba'zi ota — onalar farzand tarbiyasiga befark, qaraydi. Ish bilan bandman.

Bola 18 — 20 yoshga toʻlgach oʻz qadr — qimmatini, izzatini va ma'naviyatini aqlan, axloqan his qiladi. qizlar or —nomus, iffati, qadr — qimmatini ancha toʻgʻri tushunadi. Bu davrda yoshlar ma'naviy omillarga koʻproq beriladi.Bozor munosabatlari faqat pul topish yoʻlini izlashdan iborat emas. Kishilarda yuksak ma'naviyat ham boʻlishi kerak. YOshlar taqdiriga ijobiy va salbiy tomoni bor. YOshlar zamonaviy fan asoslarini, ' eng yangi texnika va texnologiyani, milliy va umuminsoniy ma'naviyat asoslarini chuqur egallash lozim. Yosh avlodni bugungi koʻp imkoniyatlargagina emas, balki ertangi kun ehtiyojlariga kdrab tarbiyalash kerak. Bolalar doim

---

[4] Иномова М. Оилада болаларни маънавий-аҳлоқий тарбиясида миллий қадриятлар. Тошкент, 1995, 197-бет.

foydali ish bilan band bo'lishi lozim. Ota —ona farzand tarbiyasini davr ruhiga mos kelishi bilan birga jamiyat, millat taraqqiyoti ehtiyojlariga va imkoniyatlari bilan bog'liq kelajagi ham turishi kerak.Ota —ona farzand tarbiyasida o'z dunyoqarashi, tasavvurlari va tushunchalari doirasida qolib ketmasligi lozim.Tarbiyada yoshlarning xohish — istaklarini inobatga olish kerak. Lekin norma degan narsa ham bor

- Maqollar.
- Badashlar.
- Iboralar.
- Ertak va dostonlar.
- Matallar.
- Topishmoqlar.

Xoja Samandar Termiziy: «Agar har kim yoshligidan beodob kishilar orasida o'sib ulg'aysa, tayyorlov bo'lgach, uning vujudiga o'rnashib olgan badfe'llik illatlarini chiqarib tashlash qiyin bo'ladi». Rivoyatlarda "-Har bir qalb o'g'ridir, yomonlar bilan hamroh bo'lsa yomonlik va yaxshilar bilan yursa yaxshilik o'g'irlaydi. Bas, shunday ekan, ey farzand, sen faqat yaxshi kishilar bila oshno bo'lg'ilki, qalbing doimo yaxshilik ila limmo-lim bo'lg'usidir" –deb aytiladi.

"Alla bo'sin adiga-yo alla,

Suv obkesin kadiga-yo alla

Kadi ipi uzilsiney alla

Kelin bo'lib suzilsiney alla…"(shevada aytilishi…)

Bizda Surxon vohasida bobolar ham alla aytgan, ya'ni ularni qo'shig'i alla deb emas, balki "Huy yoki Huyya" deb atalgan. Bunda kimdir dostonlardan parchani huyya qilib aytsa, ba'zilar orzu-umidlarini qo'shib aytgan va unda she'r qoidalariga uncha amal qilingan. Men o'zim ham otamning nevaralariga huyya aytganiga ko'p bora guvoh bo'lganman.

-Turli ertak va matallar orqali ham juda ko'plab tarbiyaviy ahamiyatga ega bo'lgan axloqiy qoidalar singdirilgan

-Bolalarni tarbiyalashda turli xalq badashlaridan ham keng foydalanilgan. Badashlarni asosan, yoshi tayyorlov ayollar, momolar aytgan. Ular bolalarni yoniga qo'yib yoki ko'tarib yurib ish qilish mobaynida badashlarni xirgoyi qilishgan. Badashlar ham ishga ko'ra turlicha bo'lishgan masalan, ormak to'qish, paxta savash, sigir sog'ish, bolani yupatish va h. qishloqlarimizda haliyam kam bo'lsada keksalarimiz orasida badash aytishlar saqlanib qolgan.

Tarixiy rivoyatlarda haqiqatda hayotda bo`lib o`tgan voqealar, yashab o`tgan shaxslar to`g`risida so`z yuritiladi. Atoqli va mashhur shaxslarning hayoti va faoliyatini hikoya qilish orqali axloq va odobning ideal normalari tashviq etiladi.Jumladan, To`maris, SHiroq kabi vatanparvarlar, Ibn Sino kabi buhk tabib, Ulug`bek, Alisher Navoiy kabi olim va shoirlar, Mashrab singari ilohiy ishq yo`liga kirgan oshiq, Amir Temur kabi jasoratli va dono hukmdor, Imom Ismoil Buxoriy, xoja Ahmad YAssaviy, Abduxoliq G`ijduvoniy, Bahouddin Naqshband, Najmiddin Kubro, Xoja Ahrori Valiy singari din va tasavvuf arboblari haqida qator rivoyatlar yaratilganki, ularni xalq hamisha sevib tinglaydi. Maqol – mantiqiy mushohada namunasi, odob va axloq qoidalarini jamuljam etgan dono gap. Ular qadimdan xalq donishmandligi, aql-idroki, fikr-o'ylarining ifodasi sifatida yashab kelganlar; sinalgan, turmush tasdiqidan o'tgan tushunchalarni ifodalab, ung a qanot baxsh etganlar. Maqollar ta`lim-tarbiyaviy jihatdan tayyorlov ahamiyatga egAvesto U kishilarni ogohlantiradi («Birovga kulma zinhor, senga ham kulguvchilar bor»), maslahat beradi («Yo'l bilmasang yo'l so'ragin yurgandan, gap bilmasang gap so'ragin bilgandan»), tanbeh berib, tanqid qiladi («Cholni ko'rib buvam dema»), mehnatni ulug'laydi («Ishlaganning og'zi oshga tegar, ishlamaganning boshi toshga tegar»), hajviy kulgi ostiga olib, fosh etadi («Ishtonsiz tizzasi yirtiqqa kular») va boshqalar. Ko'ramizki, maqollarda chuqur mazmun, mehnatkash ommaning donoligi, milliy an`ana, uzoq asrlik hayot tajribalari, tabiat va jamiyat hodisalari haqida fikri, bahosi, mehnat yakunlari mujassamlashgan.

SHuning uchun ham maqollar uzoq umrli bo'ladi. Maqollarda har bir tarixiy davr, ijtimoiy-siyosiy voqealar ma`lum darajada o'z izini qoldiradi. SHuningdek, yangi-yangi maqollar yaratilib, so'z san`ati xazinasi boyiyveradi. Maqollar ko'p jihatdan matallarga o'xshasa ham, ularning har qaysisi o'ziga xos xususiyatga ega. «Temirni qizig'ida bos», «Yovni ayagan yara yer, kaltagini sara yer», «Birlashgan o'zar, birlashmagan to'zar», «Er yigitga ikki nomus – bir o'lim» kabilar tom ma`noli maqollar bo'lib, ularning mazmunida tugal fikr, umumiy xulosa bor. «Sulaymon o'ldi, devlar qutuldi», «Tosh qattiqmi, bosh», «Ko'rgan bilan eshitgan bir emas», «Ayozxon, haddingni bil» kabilar esa matallar hisoblanadi. Chunki ularning mazmunidan umumiy xulosa, tugal fikr anglashilmaydi, balki xususiy belgining o'zigina ifodalangan. Darhaqiqat, «Temirni qizig'ida bos» maqolida faktlar jamlanib, tugal fikr, umumlashma ma`no kelib chiqqan. Nasihat, o'git hamma ishni o'z vaqtida bajarishga qaratilgan bo'lib, ma`no nihoyatda kcng. «Sulaymon o'ldi, devlar qutuldi» matalida esa, tugal, umumlashma ma`no yo'q, xulosa ko'rinmaydi, faqat xususiy ma`no ifodalangan, xolos. Shunday qilib, maqol chuqur va keng ma`noli, ibratomuz, tugal fikr anglatsa, matal juz`iy belgi anglatuvchi ta`sirchan nutq bezagidir. Topishmoqlar orasida maktab yoshigacha bo'lgan bolalar osonlik bilan topa oladiganlari bo'lgani kabi tayyorlov yoshdagi bolalar, hatto turmush tajribasi ko'p kishilarning ham boshini qotirib, o'ylashga majbur qiladiganlari ham bor.

Masalan, «Ot dan baland, itdan past», kabi egar, tuxum haqidagi topishmoqlar xalq orasida keng tarqalganligidan topishmoq aytilib bo'linmay, eshituvchilar uning javobini topa oladi. Ammo «Uzundan uzoq, havoga tuzoq» (tutun) kabi topishmoqlar ancha o'ylantirib qo'yadi. Topishmoqni hamma–tayyorlovdan kichik aytadi, uni topishga ham ko'pchilik ishtirok etadi. Xalq orasida nisbatan ko'p topishmoq biladigan kishilar topishmoqchi, jumboqchi ham deb yuritiladi.Topishmoqlarda savol tarzida aytiladigan fikrlar ma`lum bir badiiy shaklga tushgan bo'ladi. Ular xuddi maqollar kabi ixcham, quyma, ta`sirchan formada yaratiladi. Badiiy tafakkur mevasi bo'lgan topishmoqlarda fikr timsoliy yo'l bilan ifodalanadi,uning savol va javobini ichki mantiqiy qiyoslash boshqarib turadi.Topishmoq aytuvchi qanoat hosil qilguncha shu tariqa savol-javob davom etadi. Javob topa olmagan shaxsning deyarli barcha tana a`zolari «sotib olinadi». «Sotdim-oldim»da kishining ko'zini – jin chiroqqa, burnini –hushtakka, boshini – toshga, og'zini – o'raga va boshqa a`zolarini turli-tuman narsalarga o'xshatib, mashara qilinadi.

O'zbek xalq og'zaki ijodida kichik hajmdagi nasriy asarlar ichida latifa va loflar bir lahzalik kulgi uyg'otishi, kishilarga zavq bag'ishlashi bilan ajralib turadi. Ularda voqelik mo'`jaz shaklda, daf`atan hozirjavoblik bilan aks ettiriladi. Latifa va loflarning bunday o'ziga xos xususiyati aytuvchi – latifago'y va lofchidan alohida mahorat talab etadi. U so'zlarga urg'u berish yoki qochiriq, kosa tagida nim kosa borligiga shama qilish kabi zehnni o'tkirlashtirish uchun qo'llanadigan barcha tasvir vositalarini ishga soladi. Latifago'y va lofchilar talantli, hayotiy tajribaga boy kishilar bo'ladi. Qadimgi insonlar so`zning magik qudratiga ishonganlari tufayli olqish va qarg`ishlarga ishonadilar. Olqish va qarg`ishlar so`z magiyasiga asoslangan marosim folklori namunalari hisoblanadi. Chunki ular tarixan maxsus marosimlar aytimlari sifatida shakllangan va taraqqiy topgan. Lekin bora-bora ular marosim bilan aloqadorligini, asosan, yo`qotgan. Biroq hozir ham olqish va qarg`ishlarning ayrim namunalari marosimlar paytida ijro etilishi kuzatiladi.

Olqishlar kishilarga yaxshilik, ezgu niyat, xotirjamlik, qutbaraka, sog`liq tilash maqsadida aytiladi. Ular kishilarning ruhini ko`tarib, yaxshilikka da`vat etadi. SHuning uchun janr nomi turkiy tillarda «maqtash», «sharaflash», «yaxshi istaklar bildirish» kabi ma`nolarni anglatuvchi qadimgi turkcha «ol» fe`li o`zagidan yasalgan «olqish» atamasi bilan yuritiladi. Atama «ol» o`zagiga buyruq mayli hamda -— harakat nomi yasovchi qo`shimchlarning qo`shilishidan hosil bo`lgan. Olqishlar o`z ijro o`rniga, vazifasiga va poetik tabiatiga ega. Ularni shu xususiyatlariga ko`ra talab qilingan o`rinda yoshi nisbatan ulug`roq kishilar tomonidan aytiladigan kundalik maishiy olqishlariga, an`anaviy marosimlar tarkibida ijro etiluvchi olqishlarga bo`linadi. Kundalik maishiy olqishlar ijtimoiy turmush bilan chambarchas bog`liq bo`lib, inson faoliyatining deyarli barcha tomonlarini mazmunan qamrab olganligi bilan diqqatni tortadi. Shunga ko`ra, ularni ijro o`rni va ijro maqsadiga qarab, yana ichki turlarga bo`lish mumkin. Binobarin, biror kishi boshqa biror shaxs bilan uchrashib qolganida, bir-birlarini tanish-tanimasliklaridan qat`iy nazar hol-ahvol so`rashishdan oldin o`zaro bir-birlariga yaxshi tilak – istak bildirishlari, hzlariga fotiha tortib sog`lik-omonlik istashlari uchrashuv olqishlari sifatida e`tirof etiladi. Uchrashuv olqishlari kishilarning bir-birlariga nisbatan hurmat-ehtiromlarini namoyon etadi. Ular shaxsning axloqiy tarbiyasi darajasini ko`rsatib beradi. Masalan, «Omin, qadam yetdi, balo yetmasin, tinchlik, omonlik, xotirjamlik bo`lsin» aytimi uchrashuv olqishi hisoblanadi. Shundan keyingina uchrashgan kishilar birbirlaridan hol-ahvol so`rashishga o`tadilar.Olqishlar silsilasida dasturxon olqish aytimlari alohida mavqega ega. Ular uch holatda:a)dasturxon atrofida tanovvul qilish uchun o`tirishgan vaqtda; b) ovqatlanib bo`lingach, dasturxonni yig`ishtirib olayotganda; v) dasturxonda qolgan ovqat qoldiqlari-h non ushoqlarini qoqayotganda aytilishi o`ziga xos odat tusiga O`zbek xalqi – pazandalik hadisini olgan xalq. Uning milliy taomlari juda ko`p va rang-barangdir. Qadimdan har bir taom eyilgach , unga bag`ishlab maxsus olqish aytilgan. Jumladan, go`shtli taomlarni iste`mol qilgach: «Olti urug`ning oshin bersin, Luqmoni Hakim yoshin bersin. Qushday quyib bersin, tovday uyib bersin, ollohu akbar» deyilgan. Bunday olqishlar, asosan, chorvadorlik bilan shug`ullanuvchi aholi o`rtasida tarqalgan. Ularni dehqonchilik bilan shug`ullanuvchi aholi o`rtasida uchratish qiyin.

Dehqonlar o`rtasida qovun egandan keyin aytiladigan olqishlar alohida: ―Shirin sharbat yoki ozod, manzil obod, payg`ambari xudoga salavot, ekkanning, tikkanning, eganning otasiga rahmat, ollohu akbar‖ kabi. Ko`rinib turibdiki, bunday olqishlarda, asosan, dehqonning xayrli va saxovatli mehnati ulug`lanadi. Dehqonga uzoq umr, kuch-quvvat tilanadi. SHu istak dehqon barobarida qovunni eganlar uchun ham tegishli ekanligi alohida uqtiriladi.Kishilar biror ishni boshlashdan oldin ham, uni yakunlagandan keyin ham, albatta, olqish aytishlari o`ziga xos odat tusini olgan. Aytaylik, biror imorat qurishdan oldin yoki uni qurib bo`lgach, ichiga ko`chib kirganda, albatta, olqish aytiladi. Yoki yerga ekin ekkanda ham, hosilni yig`ishtirib olayotganda ham olqish aytish an`anaviydir. Bunday olqishlarda, odatda, shu ishlarning piri sanalgan mifologik personajlar nomiga murojaat qilinadi. Ulardan homiylik ko`rsatib, madad berishlari so`raladi. Masalan, imorat qurish ustachiligida Nuh alayhissalom nomiga, dehqonchilikda hosildorlik uchun Hazrati Xizir yoki Bobo dehqon nomiga murojaat qilinib olqish aytiladi. Kishilar biror yoqqa safarga chiqishdan oldin keksa otaxon va onaxonlarning oq fotihasini olishga harakat qiladilar. Safar olqishlari hozirgacha yaxshi saqlanib qolgan. Ularda safarga chiquvchi uchun omad tilash, manziliga eson-omon etib, yana o`z jigarlarining oldiga sog`-omon qaytib kelishi tilanadi. Odamlar yangi oyni ko`rganlarida maxsus olqishlar aytadilar. Bunday olqishlarning kelib chiqishida ibtidoiy insonlarning Oy kul`ti, umuman, kosmogonik tasavvur-tushunchalari, qarashlari asos bo`lgan. Yangi oyni ko`rganda «Oyni ko`rdim, omonlik» yoki «Oy ko`rdim, omon ko`rdim, oxiratda iymon ko`rdim» aytimlarini aytadilar. SHuningdek, yangi kiyim-kechak kiyganda aytiladigan maxsus olqishlar ham bor. Ularda kiyimga qarata «sen bir yillik, men ming yillik» deyiladi -h, kiyimning o`ng etagi o`ng oyoq tagiga olinib, uch marta tepkilanib qo`yiladi. Bu bilan insonning jamiyki narsalardan, har qanday boylikdan ulug`ligi va ustunligi ta`kidlanadi. Qabriston yonidan o`tayotgan kishi, albatta, dafn qilingan marhumlar ruhiga olqish aytib o`tadi. Bu ham xalqimiz orasida axloqiy normaga aylangan hatti harakatlardan biridir. Bunday olqishlarning genetik ildizi ibtidoiy insonlarning ruhga aloqador animistik tasavvurlariga borib taqaladi. Bunday vaziyatda «Yotganlarning arvohi shod, yotgan eri yaxti bo`lsin» aytimi aytiladi. Shundan so`ng unga bog`lab «Qur`on»ning ixcham oyatlarini qo`shib qiraot qilish an`anaga aylangan.

Xalq orasida azaga borganda aytiladigan olqishlar alohida guruhni tashkil etadi. Ularda marhum ruhiga tinchlik, xotirjamlik, jannatdan joy tilash ma`nolari etakchilik qiladi. Xalqimiz orasida to`y marosimlariga aloqador olqishlarning ajoyib namunalari uchraydi. Ularning mazmunini to`yning harakteri belgilab turadi. Beshik to`ylaridan chaqaloq sharafiga, sunnat to`ylarida to`ybolaga, nikoh to`ylarida kelin-kuyovga qarata olqishlar aytiladi. Masalan, kelin-kuyovlar uchun «Omin, qo`shgani bilan qo`sha qarisin, uvali-juvali bo`lishsin, ollohu akbar» deya alqansa, to`ybolaga «Omin, to`ylarga etishtirsin, to`y- bolaning umri uzoq, to`rt muchasi sog` bo`lsin, tayyorlov kishi bo`lib yursin, ollohu akbar» deya yaxshi istak bildiriladi. Xalq hayotini, turmush tarzini o`ziga xos tarzda tasvirlovchi fol`klor namunalaridan yana biri latifalardir. Latifalarning asosida engil mutoyiba va o`tkir hajv yotadi. Ular hajman muxtasar, mazmunan ixcham bo`ladi. YAkka ijroda aytiladi. Xalq hajviyoti va mayin hmorga asoslangan latifalarda hayot haqiqati uydirma, so`z o`yini, kinoya va qochimlar vositasida aks ettiriladi. Latifalar echimida satira va hmor hal qiluvchi rol` o`ynaydi. Echim tasodifan ko`tarilgan kulgu-qahqaha yoki so`z o`yiniga asoslanadi.

So`z o`yini latifa kul`minatsiyasini tashkil etadi. Nasriddin Afandi latifalarning etakchi qahramoni hisoblanadi.Latifa – arabcha lutf, latif so'zlaridan olingan bo'lib, nozik, nafis ma`nolarini anglatadi. Latifa aytuvchilarni latifago'y deyiladi. Latifalar xalq orasida keng tarqalgan bo'lib, xalq og'zaki prozasining voqeaband, hajman kichik, yumoristik harakterdagi xalq hajviyoti janrlaridan hisoblanadi. Latifalar juda qadimiy bo'lishiga qaramay, ularning Nasriddin nomi bilan bog'lanishi nisbatan keyingi davrlarga xosdir. XIX asrning II yarmida ozarbayjon yoki turk tilidan qilingan latifa tarjimalarining tarqalishi bilan o'zbek latifalari qahramoni nomini Xo'ja Nasriddin nomi siqib chiqargan va barcha latifalar uning nomi bilan bog'langan. SHundan keyin barcha latifalar «Afandi latifalari», «Nasriddin Afandi» yoki qisqagina qilib «Afandi» deb yuritila boshlagan.Asosan mustaqil to'rtliklardan tashkil topgan, tugal fikrni badiiy ifodalovchi, el orasida keng tarqalgan va kuylangan xalq she`ri namunalariga qo'shiq deyiladi. Qo'shiq termini keng ma`noda bo'lib, xalq she`riyati, lirik qo'shiqlar, xalq lirikasi, ashulalar degan umumiy nomlar ostida yuritilib kelinadi. SHu bilan birga, uning konkret namunalarining o'z nomlari bor. Masalan, «Yor-yor», «O'lan», «Lapar», «Lirik terma», «Alla», «Bayt-g'azal», «Kelin salom», «Xush kelibsiz», «Yig'i» va boshqalar. Qo'shiqlarni ijro etuvchilar qo'shiqchi, go'yanda, ashulakash (ashulachi), laparchi, o'lanchi deb nomlanadi.

Qo'shiqlarda ham kollektivlik, og'zakilik, variantlilik, anonimlik kabi xususiyatlarni ko'ramiz. Ular, asosan, barmoq vaznida yaratilgan bo'lib, ba`zan aruzda to'qilganlari ham uchraydi. Xalq qo'shiqlari uchun musiqiylik, ravonlik, kuylashga (ijrochilikda ko'pchilik yoki yakka) moslik xosdir.a) Alla Bolalarni uxlatish vaqtida onalar tomonidan kuylangan qo'shiqlar alla deb ataladi. O'tmish alla qo'shiqlarida zahmatkash, mushtipar, ezilgan mazlum sharq onasi obrazi gavdalanadi. Uning betinim xatti-harakati, beminnat mehnati tufayligina murg'ak go'dak ulg'ayadi, voyaga etadi. b) Yo, ramazon. eski yil kalendaridagi ramazon oyida bolalarning (ilgarigi zamonda tayyorlovlarning ham) hovlima-hovli yurib aytadigan qo'shiqlari edi.b) «Yor-yor»lar. Qiz uzatar kechasida aytiladigan qo'shiqlardan biri «yor yor»lardir. «Yor-yor» qo'shiqlari musiqiyligi, ma`lum cho'ziq ohangda ko'pchilik bo'lib kuylanishi, naqoratlari bilan ajralib turadi. c) Lapar. Nikoh to'ylarida qizning uyida kechqurun o'tkaziladigan «Qiz oqshomi», «Qizlar majlisi», «Qiz oshi», «Lapar kechasi» deb ataladigan bazmlarda lapar aytiladi. Qizlar bilan yigitlar tarafma-taraf turib, oshiqona g'azal-baytlar aytishganda, xuddi so'z bilan tortishmachoq o'ynaganday bo'ladi. v) O'lan. Nikoh to'ylari, ba`zan bayram kunlari, ayrim yig'inlarda, asosan cholg'usiz, aytiladigan o'lanlar ko'proq chorvadorlar, dehqonlar orasida tarqalgan. O'lanlarda cho'pon yigit bilan cho'pon qiz sevgi dardlaridan bahs etib, so'zamollikda, chcchanlikda, odamiylikda bir-birlarini sinaganday bo'ladi, musobaqadosh tomonlar bir-birlariga sovg'alar beradi.g) Kelin salom. Kelinchakni kuyovning yaqin qarindosh -urug'lari bilan tanishtirish marosimida kelin salom yoki betochar qo'shiqlari aytiladi. Uy egalari, to'yga kelganlar esa «alik salom» deb javob qaytaradilar.d) Yig'i-yo'qlovlar. Qadrdon kishining vafoti munosabati bilan ayollar tomonidan yig'lab aytiladigan aza, yig'i, yo'qlov, aytim, bo'zlov qo'shiqlarida marhumning eng yaxshi sifatlari yo'qlanadi, shafqatsiz o'lim tufayli boshga tushgan musibat, judolik ifodalanadi.Hozir fol'kloristik termin sifatida ertak so'zi qabul etilgan bo'lsa-da, Surxondaryo, Samarqand, Farg'ona o'zbeklari orasida matal deb yuritiladi.

Ertak xalq og`zaki badiiy ijodining eng qadimiy, ommaviy, hajman yirik, katah kichiklar uchun baravar qiziqarli bo`lgan janridir. Ular juda uzoq o`tmishda ibtidoiy ajdodlarimizning mifologik dunyoqarashi, qadimiy urf -odatlari, marosimlari asosida paydo bo`lgan. Ertaklarda, odatda, xalqning maishiy turmushi va eng olijanob insoniy fazilatlari haqidagi orzu-o`ylari xayoliy va hayotiy uydirmalar vositasida bayon etiladi. Ertaklar professional ijrochilikka asoslangan. O`tmishda ertaklar yilning ma`lum davrida, belgilangan paytda ijrochilik salohiyatiga ega bo`lgan yoshi ulug`, dono, hurmatli va e`tiborli kishilar tomonidan aytilgan. Odatda bunday professional ijrochilar ertakchi deb hritiladi. Xalq ertak aytmoqqa jiddiy qaragan. SHu haqdagi nuqtai nazarini «Ertak ermak emas, ertakchi og`ziga kelganini demas‖ maqolida ifodalagan. Ertak ertakchi tomonidan yo bir kishiga, yo butun bir jamoaga qarata aytiladi. Bunda aytish mohiyatan ijroga teng. Aytaylik, ertakchi tinglovchilar diqqatini qozonmoq uchun ertak mazmuniga mos ruhiy holatlarga kiradi, ertak sirli olamini ta`minlash uchun ovoz jilosiga, hz va gavda harakatlariga (mimika va pantomimikaga) alohida e`tibor beradi, ertakni baqirib-chaqirib aytmaydi, balki goh shivirlab, goh ovozini ko`tarib, ko`zlarini har xil holatga solib, hmshoqlik bilan samimiy hikoya qiladi. Hayvonlarga xos ovozlarni taqlid qilsa, mifologik obrazlar ovozi vahmkor ohangda bo`lishini ta`minlaydi. SHu taxlitda butun bir ertakni bir o`zi ijro etadi, asardagi ruhiy olamni o`z kechinmalari bilan to`ldiradi va hayajonbaxshligini ta`minlaydi. SHu ijro xususiyatiga ko`ra ertak ijrochiligi xalq yakka aktyor teatrini eslatsa-da, aslida har qanday dekoratsiyalardan va boshqa sahnaviy atributlardan xoliligi bilan undan farq qiladi. Deyarli barcha ertaklarning g`oyaviy yo`nalishi yagona maqsadga- mehnat ahlining buhk va yorqin kelajak uchun olib borgan kurashlarini, intilish va orzularini aks ettirishga qaratilgan. SHuning uchun ertaklar hamisha yaxshilik va murodga etishdan iborat umidbaxsh g`oya bilan yakun topadi.

Ertaklar xalqning necha-necha ming yilliklar davomidagi hayotiy tajribalarini umumlashtirgan holda uning ijtimoiy ongida, estetik didida, axloqiy qarashlarida e`tiqodida kechgan o`sish-o`zgarishlarning badiiy tarixi sifatida ayricha ahamiyat kasb etgan. Shu bois hozir ham miriqib tinglanadi, sevilib o`qiladi, eng muhimi, navqiron avlodning ma`naviy-axloqiy kamol topishida beqiyos ta`sir ko`rsatib kelmoqdAvesto«Yoriltosh», «CHo'loq bo'ri», «Oltin sandiq» va boshqalar) tom ma`nodagi ibtidoiy tushunchalar mazmunini aks ettiradi. Ikkinchi guruhdagi ertaklar («Malikai Husnobod», «Uch og'ayni botirlar», «Uch yolg'onda qirq yolg'on») «Kenja botir», «Zumrab bilan Qimmat» yoki «Oltin tarvuz»«Qilich qora», «Qiron aka», «Malikayi Husnobod», «Bulbuligo'yo», «Ur to'qmoq», «CHol bilan kampir», «Bo'ri bilan tulki», «Qo'ng'iz bikach», «Baxtli kal» hayvonlar haqidagi etaklar, sehrli ertaklar, hayotiy-maishiy ertaklarga bo'linadi.Taniqli shoir Xurshid Davronning "Yoshlik" oynomasidagi "Vatan chegarasi" maqolasi menda g'oyat tayyorlov taasurot uyg'otdi. Unda hikoya qilinishicha, eramizdan oldin yashagan yunon adibi Lukainiug "Vatan sha'niga" nomli asarida shunday so'zlar bor : "Mening gaplarim g'oyat eski gaplardir. Lekin haqiqat shundaki, o'z otasini sevmagan farzand o'zganing otasini ham hurmat qila olmaydi. O'z vatanini sevmagan kishi o'zgalar vatanini ham qadrlay olmaydi". Ikki ming yildan ortriqroq vaqt o'tgan 6o'lsa ham Lukian uchun juda eski bo'lib tuyulgan bu gaplar naqadar zamonaviy bo'lib jaranglayapti. Vatan deganda nimani anglash kerak ?

"O'zbek tilining izohli lug'atiga binoan Vatan- bir kishi tug'ilib o'sgan va o'zini uning fuqarosi hisoblagan joy va makondir".

Biz yosh avlod tarbiyachisimiz. Tarbiyalanayotgan bolalarimizni ona vatanga hurmat va ehtirom ruhida tarbiyalash bizning oldimizda turgan muqaddas burch hisoblanadi. SHuning uchun biz har bir darsimizda, o'tkazilayotgan har bir tadbirlarimizda o'quvchilarni vatanparvarlik ruhida, ona vatanga hurmat, e'tiqod ruhida tarbiyalashga e'tibor berishimiz kerak.   Men o'quvchilarni mustaqil diyorimizni sevish, uning aziz tuprog'ini e'zozlash ruhida tarbiyalashni oldimizga maqsad qilib qo'ydim. Darslarimda ana shu narsaga e'tiborni kuchaytirdim.

Siz dunyoga kelmay turib ota-onangiz sizga beshik yasashni orzu qiladilar, tollar ekadilar, jiydalar ekadilar. Toldan chiroyli beshikcha yasaydilar, beshikchaning chiroyli "bo'yinlarini" kamalka ranglar bilan bezaydilar. Jiyda cho'pidan qo'lbog'lari uchun foydalanadilar. Beshikchaning dastalariga ko'zmunchoqlaor osadilar. Yostig'ingizning ostiga esa non, qayroqtosh qo'yadilar. Isiriq tutatadilar. Tilla beshikchangiz- birinchi vataningiz bo'ladi. Sizga beshik bo'lgan tollar shu Vatanning bir bo'lagidir. Birinchi tilingiz chiqqanida, kulganingizda, ilk bor "ona" deganingizda mana bu tuproq onaday sevinadi. Bu kabi dunyo siz bilan yashayveradi. Go'dak dunyo esa siz bilan ulg'ayaveradi. Beshigingizga sig'may qolasiz. Bo'ylaringiz o'sib, chinorday yigitlar, sarvi daraxtday go'zal qizlar bo'lib etishasizlar. O'shanda allalab, erkalab - yupatib o'stirgan Vataningiz beshikning Ona yurtga aylanganini sezib qolasiz. Har bir qadamingizda "Ona yurting- oltin beshiging" degan so'z mazmuni yotadi. Ana o'shanda siz ona yurtga tayanch bo'lasiz. Ona yurtingiz gullab, yashnaydi. O'z taqdiringizga o'zingiz ega bo'lasiz. Aziz bolajonlar, payg'ambarimizning

hadislarida ham "Vatanni sevmoq iymondandir" deyilgan.
Bir o'quvchi milliy qahramonimiz SHiroqning jasorati haqida so'zlab beradi. SHiroq o'z hayotini xavf ostiga qo'yib, o'z Vataniga bostirib kelayotgan eron askarlarini jazirama cho'l biyobonlariga boshlab boradi. Dushmanlar cho'lning qizib yotgan yo'llarida qattiq azob chekadilar. Qum bo'ronlari yuzlab eronliklarni halok qiladi. Shiroq dushman askarlarini sahro ichkarisiga boshlab boraveradi. Dushmanlar : "Sen bizni boshlab kelding" ? - deb baqiradilar. - SHiroq sen aqldan ozibsan" -deyishadi. SHiroq mag'rurona turib : "Yo'q, boylik ortirish maqsadida qurol ko'tarib begona yurtga kelayotgan va tinch xalqlarni talayotgan kishilar aqldan ozgan"- deydi. Dushmanlar Shiroqqa qimmatbaho buyumlar berishlarini aytadilar. Uning oyo0i ostiga uzuk, tilla tangalarni sochib, bizni qutqargin deydilar. Lekin SHiroq bu boyliklar uchun iymonini sotmaydi. Vatan uchun jonini fido qiladi. Ota-bobolarimiz vatanidan uzoqqa ketayotganlarida Vatan tuprog'idan bir chimdim rumolchaga tugib olib ketganlar. Ular vatan tuprog'ini doim yonlarida olib yurganlar va Vatan ishqi bilan yashaganlar.

Kichik guruhlar uchun ertaklar, topishmoqlar, maqollar va tez aytishlar.

"Chol bilan sichqon", "Maqtanchoq kesak", "Piyozvoy nega xomush?, "Quyonchaning uychasi", "Chumchuqvoy", "Eng katta sehr", Oltin baliq", "Sichqonlar tortishuvi", "Mushuk bilan chumoli", "Ovchi va qushlar", "Chumchuqcha", "O'tinchi yigit bilan sher" bu ertaklarni o'qib, mazmunini tushuntirish bilan birgalikda sahnalashtirilsa ham bolalar yodida tez qoladi.

Topishmoqlar bolalarni milliy ruhda tarbiyalashda alohida qimmatga ega. Chunki ularda milliy xarakter, tabiiy — geografik muhit belgilari bo'rtib turadi. Bolalarni jonli so'zlashuvga, savollarga aniq, puxta, burro javob berishga o'rgatishda topishmoqlar jiddiy ahamiyat kasb etadi. Topishmoqlar bolalarda she'r aytish ko'nikmasini tarkib toptirishda, ularda chiroyli, to'g'ri gapirish ishtiyoqini tarbiyalashda muhim rol o'ynaydi.

Quyidagi topishmoqlardan namunalar:

Yozda kiyinadi, qishda yechinadi (daraxt);

Yozda ham qishda, bir xil kiyimda (archa);

O'tda yonmaydi, suvga botmaydi (muz);

O'yib oldim, izi yo'q (suv);

Uyday joyni olar, sichqondan qo'rqar (fil);

U yoni tor , bu yoni tor , o'rtasi sariyog' (yonrg'oq);

O'zi shirin tukligina, mazasi totligina (shaftoli);

1-   Past-past bo'yi bor, malla to'ni bor (bexi);

Maqol – xalqning dono, purhikmat ifodalari,yirik madaniyat

arboblari, olimlar, davlat arboblarining ibratomuz gaplari, xalqning hayotiy tajribalari asosida yuzaga kelgan dono fikrlarni ixcham shaklda ifodalovchi asarlardir. Maqollar she'riy va nasriy tuzilishga ega. Ularda mehnatsevarlik, vatanparvarlik, mardlik, saxiylik, adolat, insof, do'stlik, olijanoblik, chininsoniy g'oyalar, sof muhabbat, ilm olisga da'vat kabilar o'z eksini topgan.

Bedov boylovda semirar,
Qo'y-qo'zi — yaylovda.
Bir yil tariq eksang, bir yil shudgor qil.
Bir yil tut ekkan kishi
Qirq yil gavhar terar.
Bog'bon bog'ini tuzar,
Dehqon dalasin suzar.
Bog'bon bo'lsang, sarxar qil,
Dehqon bo'lsang, shudgor qil.
Bog'ni qishda ko'l qil,

Yozda cho'l qil.
Bug'doy olaman desang, qovun polga ek,
Paxta olaman desang — jo'xori polga.

Bug'doy eksang, kuzda ek,
Yaxshi haydab, bo'zga ek.

Bo'lsa agar oqliging,
Bilinmaydi yo'qliging.
Dehqon bo'lsang, roshida bo'l,
Cho'pon bo'lsang — qoshida.
Dehqon bo'lsang, shudgor qil,
Mulla bo'lsang, takror qil.
Dehqon bo'lsang, qoshida bo'l,
Sipoh bo'lsang — boshida.
Dehqon dehqondan qolsa, bir yilda yetar,

Cho'pon cho'pondan qolsa, qirq yilda yetar.
Dehqon — yer sultoni,
Cho'pon — yaylov sultoni.
Dehqon yoqqanda tinar,
Cho'pon — o'lganda.
Dehqon ishlab don sochar
Elga rizq yo'lin ochar.

Tez aytish– ma'lum so'zni,so'z birikmasini yoki tovushni to'g'ri talaffuz qilishga , uni boshqa tovushglardan farqlashga o'rgatadigan,xotirani mustahkamlaydigan va nutqni o'stiradigan janr hisoblanadi.[5]

Asad asil asal saqlaydi.

Bedarak bedana bedazorda bedor bo'ldi.

❖ Bir juft cho'p ko'pmi, qo'sh juft cho'p ko'pmi?
❖ Bir tup tut, bir tup tutning tagida bir tup turp. Bir tup tutning tomiri bir tup turpning tomirini turtib turibdi, bir tup turpning tomiri bir tup tutning tomirini turtib turibdi.
❖ Boqi boqqa, Soqi toqqa bordi.
❖ Boqi botir buzoq boqar.

---
[5] O.Madayev "O'zbek xalq og'zaki ijodi" Toshkent «Mumtoz so'z» 2010

❖ Boqi quritgan qoqi qoq quruq qoqi.
❖ Bu boʻri boʻz boʻrimas chiyaboʻri.
❖ Bulturgi burgutni bugun Urgutda koʻrdim.
❖ Chumchuq chugʻurchiqni choʻqimasa, chugʻurchiq chumchuqni choʻqimaydi.
❖ Eshik oldida buloq, buloqdan suv ichar uloq, uloqcham uzun quloq.
❖ Gulsara gul saralab, gul sanadi.
❖ Ikki ayiq qayiqqa qaradi, oq ayiq oldin qaradimi, qora ayiq oldin qaradimi?
❖ Jamila jiydani joyiga joyladi.
❖ Joʻja choʻchib, goʻja choʻqir.
❖ Juvarini chumchuq yeb ketdi. Egasi ertaga kelaman deb ketdi. Kelmay ketgur koʻr chumchuq, juvarini egasi kelguncha vayron qilib ketdi.
❖ Niyoz piyoz archdi, Fayoz piyoz artdi; Piyozdan Niyozning koʻzi achidimi, Fayoznikimi?
❖ Non yasashasizmi, sholi sanashasizmi?
❖ Norning nordon anori narida.
❖ Norvoy novvoy non yopar, nonin novvot deb sotar.

O'rta guruhlar uchun.

Ertaklardan namunalar.

"Qanday odam xonakilashtirilgan o'simliklar."« Ekologik ertak-tabiatga g'amxo'rlik qiling» "shahar haqidagi ertak", "Opa-singil daryolar","Qalam va sichqon", "Kampir va bo'ri", "Chol bilan bo'ri", "A'lochi xo'rozcha", "Eshakning ertagi", "O'rmonda ziyofat", "Bo'rining doktor bo'lgani haqida ertak", "Tulkining jazosi",", "Dono yigit", "Mukofot", "Dunyoda nima lazzatli?", "Shayton bilan dehqon", "Bo'ri bilan mergan", "Qarg'a bilan qo'zi", "Maqtanchoq jo'ja", "Toshqotgan ajdarho", "", "Qumursqa", "Sunbul bilan Gul", "Donishmand cho'pon", "Och bo'ri", "Ayiq nima dedi?"

Topishmoqlardan namunalar.

✓ Uzun terak, soyasi yo'q (suv);
✓ Sutdan tiniq, paxtadan oq (qor);
✓ Biri quvlar, biri qochar (quyosh, oy);
✓ Bir otasi, bir onasi, necha yuz ming bolasi (quyosh, oy, yulduzlar);
✓ Zar gilam, zar-zar gilam,
✓ Kutaray desam og'ir gilam (yer);
✓ Ko'zga ko'rinmas, qo'lga tutilmas (havo);

Maqollardan namunalar.

Dehqon	odam	don	sochar,
El-yurtiga		non	sochar.
Dehqon		ekkanini	yeydi,
Cho'pon		—	boqqanini.

Dehqon qorda tinar,
Cho'pon — go'rda.
Dehqonning rizqi yer bilan kuchiga bog'liq.
Dehqonning uyi kuysa-kuysin,
Ho'kizi o'lmasin.
Dehqonning o'zi kasal bo'lsa ham,
Ho'kizi kasal bo'lmasin.
Dehqonning xazinasi — yer,
Kaliti — ter.
Dehqonchilik — chilik-chilik,
Bo'lmasa — quruqchilik.
Yer boyligi — el boyligi.
Yer deganing oltin qoziq,
G'ajib yesang, tugamas.
Yer — dehqon xazinasi.
Yer — don, dehqon — xazinabon.
Yer ichida oltin bor,
Qaziy bersang, topasan.
Bog' ichida kumush bor,
Kavlay bersang, topasan.
Yer ola — yurt ola.
Yer olgan — er,
Yer sotgan — qora yer.
Yer ochganning baxti ochilar.
Yer siylaganni el siylar.
Yer-suv — bitmas kon.
Yer tekis — hosil tekis.

Yer to'ydirar,
O't kuydirar.
Yer to'ymaguncha, el to'ymas.
Yer — xazina, suv — gavhar.
Yer — xamir, o'g'it — xamirturush.
Yer charchasa, hosil bermas.
Yer el bilan obod,
Yel yer bilan obod.
Yer qudrati — dehqon quvvati.
Yerga bersang — yer,
Bermasang, qora yer.

"Baliqchi bola", "Qo'y bilan bo'ri",", "Tulki bilan turna", "Botir mergan va chaqimchi", "Gul o'stirolmagan bola", "Farosatsiz eshak", "Hunarliga o'lim yo'q", "Oltin olma", "Burgutlar", "Zumrad va Qimmat", "Laylak bilan tulki", "Tulki bilan bo'ri", "Qo'y bilan bo'ri", "Susambil", "Tulki bilan tovus", "Tulkiboy", "Qarg'a bilan qo'zi", "Oltin tarvuz", "Buzoq, echki va qo'zi", "Bo'ri bilan tulki", "Chivinboy"[6]

Yakkama-yakka suhbat jarayonida o'zimiz topishmoqlar aytib, ulardan shu topishmoqlarga javob topishni so'radik. Bunda qat-qat to'nli, qarich bo'yli (karam);

Ko'k sandig' im ochildi, ichidan zar sochildi (osmon,quyosh);

Bir parcha patir, olamga tatir (oy);[7]

To'rt oyoqli, temir tuyoqli (ot);

Erta turadi, jar chaqiradi (xo'roz);

Yozda ham qishda, bir xil kiyimda (archa);

U yoni tor , bu yoni tor , o'rtasida sariyog' (yonrg'oq);

Bir qop un, ichida ustun (jiyda);

qorday oppoq, yungday yumshoq (paxta);

Yer tagida oltin qoziq (sabzi);

qishin-yozin yashnaydi, kiyimlarin yechmaydi (archa)

---

[6] O.Safarov "Ozbek xalq og'zaki ijodi" «Musiqa» nashriyoti Toshkent 2010
[7] O.Safarov "Ozbek xalq og'zaki ijodi" «Musiqa» nashriyoti Toshkent 2010

Shubxasiz, bu tarbiyachilarning tinimsiz izlanishi, xalq topishmoqlaridan foydalanishining qulayligini anglashlari mahsulidir. Ekologik mavzudagi xalq topishmoqlaridan foydalanishda omilkor tarbiyachilar rasmli albomlar, rasmli

Topishmoqlar bolalarni milliy ruhda tarbiyalashda alohida qimmatga ega. Chunki ularda milliy xarakter, tabiiy — geografik muhit belgilari bo'rtib turadi. Bolalarni jonli so'zlashuvga, savollarga aniq, puxta, burro javob berishga o'rgatishda topishmoqlar jiddiy ahamiyat kasb etadi. Topishmoqlar bolalarda she'r aytish ko'nikmasini tarkib toptirishda, ularda chiroyli, to'g'ri gapirish ishtiyoqini tarbiyalashda muhim rol o'ynaydi.

Shuni eslatish o'rinliki, bolalarga har qanday topishmoqlarni berib bo'lmaydi. Ularga kuproq ta'lim-tarbiya maqsadlariga muvofiq keladigan topishmoqlarni taklif qilish kerak. Xususan, maktabgacha yoshdagi bolalarga hali turmushdagi ko'p hodisa va narsalar notanish bo'lganligi bois, ularga tushunarli hamda tanish narsalar haqidagi topishmoqlarnigina tanlab berish lozim. Aks holda bolalar qiyin ahvolda qolib, topishmoq o'rganishdan bezib qolishlari xech gap emas. Maktabgacha yoshdagi bolalar uchun, asosan, odam va uning tana a'zolari, ro'zg'or buyumlari, hayvonlar, parrandalar, yomg'ir, qor, o'simliklar, mevalar, sabzavot haqidagi topishmoqlar qiziqarli bo'lib, bular ularning atrof-muhitga e'tiborini, kuzatuvchanlik, topqirlik, ziyraklik qobiliyatlarini, hayot haqidagi tushunchalarini kuchaytirishga va kengaytirishga yordam beradi.

Maqol – xalqning dono, purhikmat ifodalari, yirik madaniyat arboblari, olimlar, davlat arboblarining ibratomuz gaplari, xalqning hayotiy tajribalari asosida yuzaga kelgan dono fikrlarni ixcham shaklda ifodalovchi asarlardir. Maqollar she'riy va nasriy tuzilishga ega. Ularda mehnatsevarlik, vatanparvarlik, mardlik, saxiylik, adolat, insof, do'stlik, olijanoblik, chininsoniy g'oyalar, sof muhabbat, ilm olisga da'vat kabilar o'z eksini topgan.

Misollar: Azob ko'rmay – rohat yo'q, Ishl;amay yegan – og'rimay o'lar, Tirishgan tog'dan oshar, Vataning tinch – sen tinch

Yerga mehr — elga mehr.
Yerga oshatsang, osh bitar,
Oshatmasang — tosh.
Yerga rosh yarashar,
Qizga — qosh.
Yerga sochsang, yer beradi,
Yelga sochsang — el.
Yerga tushgan gul bo'lar,
O'tga tushgan — kul.
Yerga qarasang, bog' bo'lar,
Ko'ngil ochilib, chog' bo'lar.
Yeri boyning — eli boy,
Eli boyning — yeri.
Yeri semizning — eli semiz.
Yerini aldagan och qolar.
Yerni boqsang, boqadi.
Boqmay qo'ysang, qoqadi.
Yerni boqsang, elni boqar.
Yerni buzadigan ham suv,
Tuzadigan ham suv.
Yerni to'ydirsang, to'ydirar,
Chiroyini ochsang, kiydirar.
Yomon dehqon — yer qo'rir,
Yomon xotin — er.
Yomon cho'pon tikonga berar,
Yaxshi cho'pon — do'konga.

Javdar joyiga tushsa, bug'doy bo'lar,
Bug'doy joyiga tushmasa, javdar bo'lar.
Jo'xori changda bitar,
Tariq — balchiqda.
Jo'xori eksang, tagiga ko'za botsin.
Zar bo'lmasa, zargar — xarob,
Yer bo'lmasa, dehqon — xarob.
Kariz suvi — jon suvi.
Katta xirmon qizil bo'lsa, chori chiqmas.
Kosib tikkanini maqtar,
Dehqon ekkanini maqtar.
Kosibning qo'lidan dehqonning oyog'i halol.
Kurkurak ko'rmay, tok ochma.
Ovchining zo'ri sher otar,
Dehqonning zo'ri yer ochar.
Omoch seni to'ydirgay,
Omboringni to'ldirgay.
Omoch chiqdi — ko'moch keldi.
Omochning o'n borgani —
Molaning bir borgani.
Paxtaga soya ham kerak emas,
Hamsoya ham.
Paxtadan echki o'tsin,
Jo'xoridan — tuya.

Olma shoxida olmaxon, olmaxonni olma, Olmaxon.

❖ Oltin oʻtloq – oq oʻtloq.
❖ Oq tosh oqmi, qora tosh oqmi?
❖ Oqil oq olma oldi, oq olmani Oqil oldi.
❖ Osh pashshasi pes pashsha.

Osmonda ikkita kalxat. Birining oq dumi kalta kalxat, birining qora dumi kalta kalxat. Oq dumi kalta kalxat qora dumi kalta kalxatga xalaqit beradi, qora dumi kalta kalxat oq dumi kalta kalxatga xalaqit beradi.

- Ovchi ovloqda ovin ovlar.
- Oyga poyga, poyga oyga.
- Qalin qorga qora qarg'a zo'rg'a qo'ndi, ana qara.
- Qirg'ovul qirg'oqdamas, qiryoqda.
- Qishda kishmish pishmasmish, pishsa kishmish qishmasmish.
- Qishda qatiq qattiq qotib qolibdi.
- Qodir qishda qorni qizg'andi.
- Qurbaqa qurillaydi, chigirtka chirillaydi.
- Quvondiqning qovun qoqisi Qovunchidan.
- Salimning sadadagi sap-sariq sa'vasi sahar sayraydi.
- Samarqand soyida sasigan sabzini sotgan savdogarga sakkiz ming sakkiz yuz sakson sakkiz so'm soliq solinsin.
- Sayyora sabzini savatga soldi.
- Sevara savatchaga sedana soldimi?
- Shamol shovullab shovqin soldi, shalpangquloq qo'rqqanidan shataloq otib qoldi.
- Shokir sholipoyada shaqildoqni shaqillatdi.
- Shu mushuk, shum mushuk, shumshuk mushuk.
- Sovuqda tustovuq sovuq qotdi.
- To'lqin turpni to'rda to'pladi.
- To'ti tutgan to'rtta to'ti to'rda turibdi.
- Tolib turpni tarozida tortib topshirdi.
- Tosh jonsizmi, mosh toshsizmi?
- Tubsiz dengiz dedingizmi, dengiz tengsiz dedingizmi?
- Yo'lda Yo'ldoshga yo'lbars yo'liqdi.
- Yugurik yumronqoziq yulg'undan-yulg'unga yumalab-yumalab yugurdi.

Bolalarni tabiat bilan tanishtirish faoliyatlari bilimlarni bolalarning imkoniyati hamda tabiatning xususiyatlarini nazarda tutgan holda shakllantirish imkonini beradi. Tarbiyachi rahbarligida o'tadigan faoliyatlarda bolalarda dastur talablariga muvofiq elementar bilimlar shakllanadi, asosiy bilish jarayonlari va bolalarning qobiliyatlari ma'lum bir tartibda rivojlantiriladi. Kundalik hayotda kuzatish, o'yin, mehnat vaqtida bolalarning shaxsiy bilimlari yig'ilib boradi. Faoliyatlar ularga aniqlash va tizimlashtirish imkonini beradi. Bolalarni faoliyatlarda o'qitish turli metodlarda amalga oshiriladi. Metod faoliyat turi, uning asosiy maqsadiga ko'ra tanlanadi. Faoliyatlarning bir xillarida boshlang'ich bilimlar shakllantiriladi. Shu maqsadda tarbiyachi kuzatish, rasmlarni ko'rish, badiiy asarlarni o'qish, hikoya, diafilm va kinofilmlarni ko'rsatishdan foydalanadi. Boshqa faoliyatlarda esa bilimlar kengaytiriladi va chuqurlashtiriladi.

Aytib o'tilgan metodlardan tashqari bu faoliyatlarda bolalarning tabiatdagi mehnatidan ham foydalaniladi. Uchinchi turdagi faoliyatlarning asosiy vazifasi —bilimlarni umumlashtirish hamda bir tizimga solishdir. Shuning uchun suhbatlar, didaktik o'yinlar, umumlashtiruvchi kuzatishlardan foydalaniladi. Bolalar egallagan bilimlarini mehnat va o'yinlarda amalda qo'llaydilar.

Faoliyatlar kichik va o'rta yosh guruhlarda bir oyda 2 martadan, tayyorlov guruhlarda esa haftada 1 martadan o'tkaziladi. Ekskursiyalar o'rta guruhdan boshlab tashkil etiladi. Barcha guruhlarda qo'shimcha sifatida maqsadli sayrlar o'tkaziladi.

Faoliyatga tayyorlanish. Faoliyatning samaraliligi tarbiyachining tayyorgarlik darajasiga bog'liqdir. Tarbiyachi faoliyat mavzusini va ahamiyatini belgilab, mavzu bo'yicha tabiatshunoslik bilimlarini to'ldirishi, so'ng faoliyat vazifalarini dastur asosida ishlab chiqishi lozim.

Mazkur faoliyat mazmunini tanlashda uning ish tizimidagi o'rni (faoliyatda boshlang'ich bilimlarni shakllantirish jarayoni sodir bo'lyaptimi, yoki ular boyitilib bir tizimga solinyaptimi, bilimlarni qo'llash mashq qilinyaptimi va shu kabilar)ni aniqlash lozim. Bu o'rinda tarbiyachi darsning maqsadi va mazmuniga qarab turli metodlarni qo'llaydi.

Tarbiyachi qanaqa metod va uslublar tanlamasin ulardan kompleks, bir-birini to'ldirgan holda foydalanishi, bu asosiy maqsad — o'rganilayotgan tabiat jismlari va hodisalarning bolalar tomonidan qabul qilib olinishini yaxshilashga hamda tabiat haqidagi tushunchalarning to'g'ri shakllanishiga xizmat qilishi kerak. Faoliyatda hal etiladigan tarbiyaviy vazifalar tabiatga ijobiy, ehtiyotkorona, g'amxo'rona, estetik munosabatlarni shakllantirishga yo'llanadi.

Faoliyatga tayyorlanish hamda uni o'tkazishda uning tuzilishini to'g'ri aniqlash muhimdir. Metodni tanlash ta'limiy vazifalar harakteri, tabiiy obyektning xususiyatlari hamda bolalarning yoshiga bog'liqdir. Masalan, yovvoyi hayvonlar haqidagi bilimni shakllantirishni yaxshisi diafilm, kinofilmlar ko'rsatish orqali, tabiat burchagidagi hayvonlar va o'simliklar bilan tanishishni esa ularni bevosita kuzatish orqali amalga oshirgan ma'qul.

Faoliyatlarda qo'llaniladigan o'qitish metodlarining xilma-xilligi tarbiyachidan puxta sharoit yaratishni talab qiladi: hayvonlar, xonaki o'simliklar, rasmlarni ko'rish uchun bolalar yarim doira qilib o'tqaziladi. Bu bolalarning faoliyatda faol ishtirok etishlariga imkon beradi. Agar faoliyatda tarqatma materiallardan foydalanilsa, ya'ni har bir bolaning qo'lida kuzatish ob'yekt bo'lsa, bolalarning o'z stollari atrofida o'tirganlari ma'qul. Ba'zi guruh xonasida mehnat malakalarini tarbiyalashga bag'ishlangan faoliyatlar o'tkaziladi. Bunday holatda bolalarni to'rtburchak shaklida joylashtirish maqsadga muvofiqdir. Shunda bolalar tarbiyachi ko'rsatadigan ish usullarini yaxshiroq ko'rishga ega bo'ladilar. Tarbiyachi faoliyat o'tkazishdan oldin bir qancha ko'rgazmali qurollar, ya'ni jonli va jonsiz tabiat jismlari (gerbariylar yil fasllari, tabiat manzaralari tasvirlangan kalendarlar, toshlar foydali hasharotlar, o'simliklar va ularning qismlari, mayda hayvon va boshqalar) ni tayyorlab qo'yadi. Chunki ko'rgazmali qurol bolalarga o'rganilayotgan narsani bir necha sezgi a'zolari bilan qabul qilib olish imkoniyatini beradi, ya'ni ular narsani ko'ribgina qolmasdan, uning xususiyatini (masalan, tirnab ko'rish, bolg'acha bilan urib ko'rish orqali narsaning mo'rtligini, egish bilan qayishqoqligini, egiluvchanligini va hokazo) sinaydilar.

Faoliyat, asosan, quyidagi tartibda olib boriladi:
- —ish maqsadini e'lon qilish;
- —tarbiyachining yo'1-yo'riqlar berishi;
- —topshiriqni tushuntirish;
- —ko'rgazmali qurollar ustida ishlash;
- —kuzatish;
- —o'tkazilgan ish natijalarini tushuntirish — suhbat;
- —xulosa chiqarish;
- —rasmlar chizish.

Faoliyat so'ngida tarbiyachi bolalarning malaka va ko'nikmalarini, ularning faoliyatga munosabatlarini, qiziqishlarini pedagogik jihatdan baholaydi. Baholarning differensiyalashuv bolalarning yoshiga bog'liq bo'ladi.

Maktabgacha ta'lim muassasalari bolalarga ta'lim-tarbiya berish bilan chegaralanmay balki ularning ekologik ongi va bilimini yuksaltirish, tabiat boyliklarini asrash va tabiatni muhofaza qilishga bo'lgan ma'naviy extiyojlarini rivojlantirishning asosiy manbai bo'lib xizmat qiladi. Shunday ekan, yosh avlod qalbida tabiatga nisbatan muhabbat uyg'otish bolalarning ekologiya haqidagi bilimlariga bog'liq. Shu sababli maktabgacha ta'lim muassasalari maktabgacha tayyorlov yoshidagi bolalarda ekologik tushunchalarini shakllantirish muhim ahamiyatga ega. Bolalarga yoshligidanoq tabiatning rang-barangligi, foydali va zararli tomonlarini tanishtirib borish, asrabavaylash, rivojlantirish, boyittirib va bunday mas'uliyat bilan mehnat qilish munosabatida bo'lishi ekologik tushunchalarning qay darajada shakllanganligiga bogliqdir. Bu - tabiat farzandi bo'lgan bolalar o'sib unishida va ularning ekologik bilimlarini takomillashtirishning asosiy negizini tashkil etadi. Maktabgacha tayyorlov yoshdagi bolalarda ekologik tushunchalarni shakllantirish vositalari yuzasidan olib borilgan tajriba-sinov ishlari quyidagi xulosalarni chiqarish imkonini berdi: Odamlar ming yillar davomida tabiat bilan kurashib, uni zabt qildi, qayta o'zlashtirdi. Endi esa tabiat aziyat chekmoqdAvesto Aslida tabiatga odamlarning himoyasi kerak emas. Aksincha, nafas olish uchun musaffo havo, ichish uchun toza suv, hayot kechirish uchun butun tabiat odamlarga kerak. Ona tabiat hamisha odamdan ustun bo'lgan va shunday bo'lib qolaveradi; odam – tabiatning farzandi, uning hayotidagi bir zarra va lahza, xolos. Biroq odamlarning tabiatga mas'uliyatsiz munosabati va texnik aralashuvi uni tilka-pora qildi. Uni sog'lomlashtirish – bizdan atrof-muhit haqidagi bilim, tafakkur va unga nisbatan to'g'ri, mas'uliyatli munosabatni talab qilmoqda. Bu fazilatlar esa har bir shaxsda maktabgacha ta'lim yoshidan boshlab shakllantirilishi lozim.

Mavzuga oid manbalar va tajribalar asosida maktabgacha ta'lim muassasalari tayyorlov guruhi yoshidagi bolalarda ekologik tushunchalarni shakllantirish holati tahlil qilindi Ilmiy tadqiqot ishida ekologik tushunchalarning mazmun-moxiyati, ularni shakllantirishning pedagogik asoslari yaratildi.

Maktabgacha ta'lim jarayoni va uning barcha faoliyatlarida bolalarda ekologik tushunchalarni shakllantirish muvofiqlashtirildi.

Ekologik tushunchalarni shakllantirishning samarali asosiy yo'nalishlari, shakl va uslublari ishlab chiqildi. Maktabgacha ta'lim muassasalari tayyorlov guruhi yoshidagi bolalarda ekologik tushunchalarni shakllantirish samaradorligi asosan tarbiyachilarining ijodiy izlanishlari va faoliyatlari mazmundorligiga ham bog'liq ekanligi tadqiqotda asoslab berildi. Biz taqdim qilayotgan yuqoridagi fikrlar va berilgan maslahatlarni ish faoliyatida qo'llansa bo'ladi degan umiddamiz.

Foydalanilgan adabiyotlar.

1. O'zbekiston Respublikasi Prezidentining farmoni

30.10.2019 "2030 yilgacha bo'lgan davrda O'zbekiston Respublikasining atrof-muhitni muhofaza qilish konsepsiyasini tasdiqlash to'g'risida"

2. O'zbekiston Respublikasining 2018 yil 2 oktyabrdagi iqlim o'zgarishi bo'yicha "Parij bitimini (Parij, 2015 yil 12 dekabr) ratifikatsiya qilish to'g'risida" to'g'risidagi O'RQ-491-sonli qonuni

3. O'zbekiston Respublikasn Prezidentining «O'zbekiston Respublikasini yanada rivojlantirish bo'yicha Harakatlar strategiyasi to'g'risida»gi Farmonn. O'zbekiston Respublikasi Qonun hujjatlari to'plami. -T.: 2017. - B.39.

4. I.AVESTOKarimov "Yusak ma'naviyat yengilmas kuch" T:."Ma'naviyat" 2008-yil

5. Mirziyoev, SHavkat Miromonovnch Milliy taraqqiyot yulimizni qat'iyat bilan davom ettirib, yangi bosqichga ko'taramiz. - Toshkent: "O'zbekiston" NMIU, 2017. - 570 bet

6. Mirziyoev SH.M. Erkin va farovon, demokratik O'zbekiston davlatini birgalikda barpo etamiz. O'zbekiston Respublikasi Prezidenti lavozimiga kirishish tantanali marosimiga bag'ishlangan Oliy Majlis palatalarining qo'shma majlisidagi nutqi. – Toshkent : O'zbekiston, 2016. - 56 b.

7. Mirziyoev SH.M. Tanqidiy tahlil, qat'iy tartib-intizom va shaxsiy javobgarlik – har bir rahbar faoliyatining kundalik qoidasi bo'ishi kerak. Mamlakatimizni 2016 yilda ijtimoiy-iqtisodiy rivojlantirishning asosiy yakunlari va 2017 yilga mo'jallangan iqtisodiy dasturning eng muhim ustuvor yo'nalishlariga bag'ishlangan Vazirlar Mahkamasining kengaytirilgan majlisidagi ma'ruza, 2017 yil 14 yanvar SH.M. Mirziyoev. – Toshkent : O'zbekiston, 2017. – 104 b.

8. Sh.M. Mirziyoyevning "2017-2021-yillarda maktabgacha ta'lim tizimini yanada takomillashtirish chora-tadbirlari to'g'risida"gi qarori. T.:-2016y. 29-dekabr www.lex.uz

9. O'zbekiston Respublikasi Prezidentining "2017-2021 yillarda maktabgacha ta'lim tizimini yanada takomillashtirish

chora-tadbirlari to'g'risida"gi PQ-2707-son Qarori 2016 yil 29 dekabr www. lex.uz

10. Sh.M. Mirziyoyevning PQ-3955-sonli qarori Toshkent :2018-y.30-sentyabr www.lex.uz

11. .Sh. M. Mirziyoyev 7 fevral 2017 yil kuni "O'zbekiston Respublikasini yanada rivojlantirish bo'yicha Harakatlar strategiyasi to'g'risida"gi PF-4947 sonli farmonni www.lex.uz

12 Avazov SH. Ekologik ma'rifiy texnologiyalar va ularning mohiyati / "Pedagogik va axborot texnologiya: yutuqlar va istiqbollari", Respublika ilmiy-amaliy konferensiyasi materiallari.-Toshkent, T.N.Qori-Niyoziy nomidagi O'zPFITI.-2002-20-22 betlar

13.Avazov SH. Ekologik pedagogika yangi ilmiy soha sifatida / O'zbekiston mustaqilligi - uning fani va texnologiyalarini rivojlantirish kafolati" mavzuidagi ikkinchi respublika ilmiy kollokviumi ma'ruzalar to'plami. - T.: O'zbekiston Respublikasi Fan va texnika Davlat komiteti, 1998.-24-27-betlar

14.O'zbekiston Respublikasining ilk va maktabgacha yoshdagi bolalar rivojlanishiga qo'yiladigan davlat talablari 2018 y.www.mdo.uz

15."Ilk kadam" maktabgacha ta'lim muassasasining Davlat o'quv dasturi.T.: 2018. www.mdo.uz

16."Davlat maktabgacha ta'lim muassasasi to'g'risida Nizom". T.: 2017 www.mdo.uz

17.Maktabgacha yoshdagi bolalar rivojlanishiga qo'yiladigan Davlat talablari.T., 2008 y.

18.«Bolajon» tayanch dasturi, S.Mirdjalilova, M.Rasuleva T.,

2010 y.

19. Egamberdiyev. R. Eshjanov. R. "Ekologiya asoslari" 2004 y

20. Nishonova Z.T. «Bolalar psixologiyasi» o'quv kullanmAvesto – T., 2006 yil

21. Raximova P.U., H.T.Tursunov. Ekologiya fanidan uslubiy qo'llanmAvesto (Toshkent 2006)

22. Pozilova S, Umarova M. Oilada ekologik tarbiya berish G`G` Maktabgacha ta,lim. - T., 2002, 7-son. – 8-9-betlar.

23. Umarova M. Maktabgacha yoshdagi bolalarga ekologik tarbiya berish metodlari G`G` Uzluksiz ta,lim.- T., 2004, 5 son. - 92-97-b.

24. Umarova M. Ekologik ta'lim – tarbiyada bolalar bog'chasining oila bilan hamkorligi. G`G` Xalq ta'limi.- T., 2004, 5- son. - 59-62-b.

25. Umarova M. Maktabgacha ta'lim yoshidagi bolalarda atrof-muhitga mas'uliyatni shakllantirish. G`G` Pedagogik ta'lim. – T., 2006, 5-son. – 12-14-b.

26. Umarova M. Tabiatga mas'ullikni o'zimizdan boshlaylik G`G` «Pedagogik ta'limni takomillashtirish muammolari» respublika ilmiy-amaliy konferentsiyasi materiallari. - T., TDPU, 2006. - 114-116-betlar.

27. Umarova M.Bolalarda atrof-muhitga mas'uliyatli munosabatni shakllantirish. Metodik qo'llanmAvesto – T.,"ART Press", 2008.- 95 b.

28.F.Qodirova va boshqalar.«Maktabgacha ta'lim pedagogika».T.,2019- y

Elektron ta'lim resurslari

1. www.arm.uz.

2. www.mdo.uz

3. www.ziyonet.uz.

4. www.lex.uz.

5. www.kitob.uz.

6. www.dissertant.uz.

7. www.multimedia.uz

Termiz davlat pedagogika instituti Maktabgacha ta'lim fakulteti Maktabgacha ta'lim yo'nalishi 2-bosqich talabasi Abdusalomova Rayhona Abdurashid qizi.

www.ingramcontent.com/pod-product-compliance
Lightning Source LLC
LaVergne TN
LVHW010618070526
838199LV00063BA/5196